미친 사랑의 노래

미친 사랑의 노래

안영민 쓰다

Chapter 1. 안영민, 음악을 만나다

Chapter 2. 히트 곡 속의 숨은 작사, 작곡 스토리

Chapter 3. 안영민의 작사, 작곡 노트

| 추천사 |

prologue

초심

음악에서 가장 중요한 것은 악보에 기록되어 있지 않다 - Gustav Mahler

음악을 시작한 지 15년.

'음악'을 한다는 것 하나만으로 가슴 벅차게 행복했던 시간이었다. 치기어리고 마음만 앞섰던 연습생 시절 5년, 데뷔하자마자 앞만 봤던 10년 동안 단 한 번도 힘들다거나 그만두고 싶다는 생각은 없었다. 그만큼 음악은 나에게 값진 꿈이었으니까.

최고의 가수들과 함께 작업을 하면서 울고 웃을 수 있다는 것만으로도 큰 감사함이었다. 때론 몸이 힘들고 지칠 때도 있었지만, 하나의 곡이 탄생될 때 느끼는 환희는 그 무엇과도 비교할 수 없는 감정이었다. 그 어떤 것으로도 채워지지 않는 기쁨.

내 노래를 좋아해주는 사람들이 늘고, 뜻하지 않게 상도 받게 되면서 참 복이 많은 사람이라는 생각이 들다가도 한편으로 어깨가 무겁고 마음의 짐이 생기기 시작했다. 유명해지는 만큼 냉정한 평가도 차츰 귀에 들려오고, 반응 하나하나에 천국과 지옥을 오가며 스스로에게 채찍질을 가하기도 했다. 어떤 작곡가든지 겪겠지만, 서서히 두려움이 밀려왔다. 음악만 할 수 있다면 누가 뭐래도 좋을 것 같았던 처음의 열정은 어디가고 대중의 눈을 의식하는 데 급급해지는 걸까. 물론 열정이 사라지거나 타성에 젖듯 곡을 쓴 것은 아니었지만, 마음을 다질 필요는 있었다. 그런데 뜻밖의 계기가 찾아왔다.

내가 책을? 생각해보지 않은 일이었다. 출간 제의가 들어왔을 때 내가 과연 책을 써도 될까 싶어 여러 번 고사를 했었다. 경험이 좀 더 쌓이고 좋은 결과물을 얻어냈을 때 비로소 읽는 사람을 위한 책을 쓸 수 있을 거라 생각했기 때문에. 더욱이 녹음 작업을 하면서 본업을 뒤로 하고 매달린다는 것도 쉬운 일이 아니었다. 하지만 당시 편집자 분께서 '해낼 수 있다'는 메시지를 보내주셨던 것에 용기를 얻어 시작해보기로 마음을 먹었다. 그리고 가족과 친구들, 내가 사랑하는 사람들 모두 충분히 해낼 수 있다고 응원해줘 또 하나의 새로운 기회를 맞게 되었다. 특히 일과 병행하면서 넥스타 식구들에게 신경 쓸 겨를이 없었음에도 배려해주고 편의를 봐줬던 것이 얼마나 큰 도움이 되었던지.

원고를 쓰면서 가장 힘들었던 것은 수면 부족이었다. 새벽에 일어나 원고를 써갔는데, 곡을 쓰는 것과는 또 다른 고통이었다. 3시간을 써도 A4 3페이지가 채워지지 않는 것이었다. 진지하게 중간에 포기하려고도 했었다.

그러나 이 책을 읽어줄 독자들 생각을 하니 그만둘 수는 없었다. 이걸 읽는 가수 지망생, 작곡 작사 지망생들의 인생이 바뀔지도 모르는 일 아닌가. 조금이라도 도움이 되고 싶은 마음에 솔직하게 써내려갔고, 누구나 읽어도 쉽게 공감하고 이해하게 되길 바라는 마음으로 있는 그대로 썼다.

이 책은 15년간 내 음악 이야기와 함께, 녹음실 에피소드를 진솔하게 풀어낸 에세이집이다. 대중음악계의 거장이신 선생님들 앞에서 쉽게 말할 수 없지만, 짧다면 짧을 수 있는 길다하면 길 수 있는 시간동안의 발자취를 더듬을 수 있었다는 것만으로도 에세이를 펴낸 의미가 있지 않을까 한다. 그저 음악을 하는 한 사람의 길지 않은 이야기와 작업실 안에서의 사소한 즐거움들을 함께 느껴주신다면 더한 기쁨은 없을 것 같다.

하나의 음악이 어떻게 탄생되는지 솔직하게 쓴 만큼, 작곡 작사가 지망생뿐 아니라 대중음악을 사랑하는 분들 그리고 가수의 팬들 모두 편안하게 보셨으면 하는 바람이다.

2012년 3월 안영민.

안영민,
음악을
만나다
"음악이란 말로는 표현할 수 없는,
침묵할 수 없는 것을 표현하는 것이다."
- Victor Hugo

PAPER 01

피아노와의 운명적인 이끌림

·

·

·

되돌아보면 내가 음악에 관심을 가지기 시작한 것은 중학교 무렵이었던 것 같다. 당시 '더 블루'라고 하는 손지창과 김민종 듀엣이 폭발적인 인기를 끌면서 남학생들 사이에 흉내내기 열풍이 불었다. 너 손지창, 나 김민종 하며 나름대로 노래 연습을 하곤 했다. 그때부터였을까. 노래하는 것이 마냥 즐거웠다. 사람들 앞에 서는 것이 좋았고, 노래를 부르면 터져 나오는 박수와 환호성이 나를 들뜨게 했다.

음악을 시작했던 것도 곡을 쓰겠다는 생각보다 노래를 하기 위해서였다. 그래서 악기 연습도, 음악 공부도 같이 시작한 것이다. 그런

데 한순간 내 삶에 뛰어 든 하나가 있었다. 바로 피아노. 이런 것을 흔히 '운명'이라고 하지 않는가. 그래, 운명이었다.

사실 초등학교 3학년부터 6학년까지 내내 클래식 피아노를 배웠었다. 그러나 아무래도 클래식을 이해하기에는 어린 나이였는지 피아노를 치는 것 자체가 지겹고 힘들어 부모님을 졸라 피아노를 팔고 컴퓨터를 샀다. 머지않아 다시 피아노에 처절하도록 매달리게 될 것이라고는 알지 못한 채.

어느 날 '악기를 연주할 수 있다면 더 노래를 잘 할 수 있을 것 같다'는 생각이 들어 고등학교 때 놓고 있던 피아노를 다시 잡았다. 하지만 그렇게 잘 보이던 악보가 그새 까막눈이 되었는지 헤매고 있었고, 88개의 건반 위를 날개 달린 듯 날아다니던 손가락도 이미 딱딱하게 굳어 있었다. 그래도 열정 앞에는 장사가 없는 법! 다시 제대로 시작해보자는 결심을 하고 두 주먹 불끈 쥔 채 동네 피아노 학원을 등록했다. 그렇게 시작한 곡이 〈나비야〉였다. 유치원생이 치는 초급곡인데도 헤맬 수밖에 없었다. 야심이 가득 찬 마음은 어디 가고, 내 자신이 한심스럽기까지 했다.

그런데 그때, 한 초등학생이 나를 비웃는 것이 아닌가! 게다가 한

술 더 떠 "내가 치는 거 잘 봐!"라며 으스대는 꼴이라니! 게다가 보란 듯이 눈을 감고 일부러 빠르게 몰아치는 것이었다. 정말이지 자존심이 있는 대로 뭉개져 묘하게 패배감마저 들었다. 초등학생 앞에서 이게 무슨 꼴이람. 하지만 그 모습을 보며 가슴속에서 오기가 일었다. 이대로는 절대 지지 않겠다고. 그 꼬마 아이가 아니라, 바로 내 자신에게.

그 길로 피아노 선생님께 달려가 폼나게 가요를 치고 싶다고 했다. 〈나비야〉도 제대로 못 치면서 가요라니. 어처구니가 없을 만도 한데 선생님은 흔쾌히 반주 코드를 가르쳐주셨고, 빠른 속도로 실력이 늘면서 나도 모르는 새 점점 깊이 빠져들었다. 어릴 때 치던 지루한 클래식 피아노와는 다르게 그제야 진짜 내 손에 맞는 곡을 친다는 느낌이 들었다. 하지만 정석대로 치는 클래식 피아노와는 달리 대중음악은 반주 코드로 모든 곡을 소화해야 하기 때문에 더 많은 연습이 필요했다. 하루도 빠짐없이 매일같이 5시간 이상 피아노 앞에 앉아서 연습을 했다. 누가 보면 고등학생이 학교 공부를 그렇게 해보라며 채근했을지도 모른다. 그만큼 나는 당시 할 수 있는 모든 것을 쏟아 부었던 것 같다. 그런 꾸준한 노력 끝에 눈에 띄게 연주 실력이 늘면서 노래를 부를 때도 음감이 매우 좋아졌다는 것을 느낄 수 있었다.

"피아노를 치면서 노래를 부르면 세상을 다 가진 듯 좋았다.
얼마나 매력적인 모습인가. 아름다운 피아노 선율에
또 하나의 악기인 목소리가 덧입혀진 가장 조화로운 하모니."

피아노를 치면서 노래를 부르면 세상을 다 가진 듯 좋았다. 얼마나 매력적인 모습인가. 아름다운 피아노 선율에 또 하나의 악기인 목소리가 덧입혀진 가장 조화로운 하모니. 그러나 혼자 연습하는 것은 한계가 있었다. 누군가 피드백을 해주지 않으니 잘 하고 있는지를 알 수 없었던 것이다.

혼자 힘으로는 안 되겠다는 결론이 설 때쯤 노래에 관심이 많던 친구가 재즈 아카데미에 가보자는 제안을 했다. 그곳에 가면 좋은 선생님들과 같이 연습할 친구가 많아 분명 도움이 될 것이라고.

우리가 지원한 곳은 '보컬과'였다. 그 학과는 발성법부터 시작해서 피아노 레슨, 화성학 등 기본적인 여러 가지를 가르쳐주는 곳이었다. 역시 음악 하는 동료가 모여 있으니 많은 도움을 받았고, 자극도 되었다. 서로의 역량을 체크하며 경쟁을 하기도 하고, 함께 단점들을 얘기하며 발전해나갔다.

다행히도 피아노를 치면서 틈틈이 작곡한 곡들이 있어 선생님 눈에 띄었고, 다른 친구들보다 관심을 받을 수 있었다. 피아노 연습을 더 하라고 꾸중은 하셨지만, 직접 만든 곡을 들이밀 때마다 충고와 격려를 아끼지 않으셨다. 후에 이 분을 편곡자로 가요계에서 만났는데,

나를 알아보시고 장성한 모습에 기뻐해주셨다.

이처럼 좋은 스승과 실력 있는 동료를 만나는 것은 참 중요하다. 서로 작곡, 작사 실력을 비교해보면 발전하는데 큰 도움이 될뿐더러 동료의 장점이 나에게 흡수되기도 한다. 또한 훗날 좋은 인연이 큰 행운으로 이어질 수도 있기 때문에 작곡, 작사가를 꿈꾸는 후배들이 꼭 새겨듣고 기억해준다면 좋겠다. 모든 인연이 하나의 재산이란 생각으로…….

PAPER 02

실명 위기의 불행을 기회로

중학교 3학년 때 일이다. 우리 반에 소위 '일진'이라고 불리는 친구가 내 친구와 싸움이 붙었다. 반 아이들은 내 친구를 가운데 두고 빙 둘러싸 원을 만들었다. 나는 얼떨결에 그 가운데 끼어 있었다. 처음에는 가벼운 말다툼인가 싶었는데 그 '일진'은 점차 심하게 욕을 해대며 내 친구를 화나게 만들었다. 그러나 일부 말리는 아이들을 제외하면 반 아이들 모두 겁을 먹은 듯 조용했다. 하지만 나는 듣기 거북할 정도로 욕을 해대는 '일진'의 눈을 피하지 않았다. 아니, 피할 필요가 없다고 생각했다.

그때였다.

“너 이 새끼. 뭘 봐?”

그때부터 상황은 뒤바뀌어 단지 ‘눈이 마주쳤다’는 이유 하나만으로 나와 시비가 붙었다. 어이가 없는 상황이었지만 나는 이성을 잃고 폭력을 휘두르는 아이와 싸움이 붙고 말았다. 이번에는 반 아이들 전체가 나서서 말리기 시작하자 상황이 종결되나 싶었다.

그러나 그 아이는 발로 무방비 상태의 나의 눈을 가격했다. 사고 직후 눈에서는 피가 흐르고 119구급차를 부르는 엄청난 사태가 벌어졌다. 결국 그 ‘일진’은 퇴학을 당했고, 나는 그 사고로 망막이 떨어져 7시간의 대수술을 하게 되었다.

소식을 듣고 한걸음에 달려온 부모님은 앞이 보이지 않던 나를 데리고 부랴부랴 큰 병원으로 향했다. 눈은 망막 파열로 인해 실명이 될 수도 있는 위험한 상황! 전신마취를 시켜 떨어진 망막에 가스를 주입시키는 대수술이 진행됐다. 이게 얼마나 지독하냐면 수술이 끝나고 나서도 두 달 동안 눈에 물이 들어가면 절대 안 되기 때문에 나가지도, 씻지도 못한다. 오로지 24시간 엎드려 있는 생활이 시작된 것이다.(그러나 나는 당시 중3이었다. 얼마나 나가서 놀고 싶을 나이인가.)

결국 열심히 엎드려 있지 않은 죄(?)로 고3 때 다시 '망막 재봉합 수술'을 하게 되었다. 남들은 수능을 준비하며 '공부'와 싸웠을 때 나는 하루종일 엎드린 채, '무료함'과 싸워야 했다. 일단 책을 볼 수 없었기 때문에 공부도, 대학 입학도 아예 뒷전이었다. 하지만 나는 그것이 불행이라고 생각하지 않았다. 나의 눈을 이렇게 만든 '일진' 친구도 원망하지 않았다. 오히려 내가 음악 활동을 할 수 있는 좋은 기회가 되었다. 이 계기로 부모님도 내가 음악 활동을 하는 것을 허락했으니 얼마나 좋은가!(어린 나이에 불행을 겪은 나를 불쌍히 여겨 이제 네가 하고 싶은 것 실컷 하라며 포기했다고 하는 것이 맞을까? 아무튼!)

엎드려서 지내야만 했던 나에게 '라디오'는 좋은 벗이 되었다. 내 인생을 통틀어 음악을 가장 많이 듣던 시절이었다. 자고, 먹는 시간을 제외하면 거의 매일 12시간씩 들었으니까. 팝송, 가요, 재즈 등 닥치는 대로 들었다. 그런데 그것이 훗날 내가 작사를 하는 데 큰 도움이 되었다. 당시 〈별이 빛나는 밤에〉 DJ가 이문세 씨였는데 라디오로 전해지던 감성은 지금까지도 사라지지 않는 자양분이 되고 있다. 그때만 느낄 수 있었던 한밤의 낭만과 별빛이 내리쬐는 듯한 이야기들……. 스쳐 지나가는 사연들 속에 사람들의 희노애락이 담겨 있었다. 전국 각지의 사람들의 살아 있는 이야기들을 들으며 '세상엔 참 별의별 일들을 겪으며 사는 사람들이 많구나!'를 느꼈다. 훗날 나의 가사의 소재가 되었음은 두말할 필요도 없다. 정말로 내가 책을 많이 읽은 편이 아닌데도 1년에 70곡씩 쓰며 계속해서 소재를 퍼낼 수 있었던 것은 어쩌면 그 무수한 사연들 덕분이 아니었을까?

PAPER 03

가요제 일등 공신은 키보드 성능?

요즘은 공중파 방송까지 오디션 프로그램이 많지만, 내가 음악 공부를 하던 시절만 해도 가요제 정도뿐이었다. 따라서 한 번 공고가 나면, 모두가 사활을 걸고 도전할 정도로 절실한 기회였다. 물론 나에게도 가요제는 인생을 걸 '목표'였다.

어느 날, 나에게 신이 주신 기회가 찾아왔다. 우연히 아침 신문을 들추다가 발견한 가요제 공고가 후광을 비추며 내 눈길을 사로잡았다. 당시 엠넷M-net 방송국의 〈가요 발전소〉라는 프로그램에서 진행하는 '김형석의 ACE 가요제'로, 뮤지션을 꿈꾸는 친구들 사이에서는 등용문으로 정평이 난 가요제 중 하나였다. 천재 작곡가 김형석이라니. 나의 목표는 가요제 입상이 아니었다. 단 하나, 김형석 작곡가 밑으로 들어가겠다는 생각뿐이었다.

전화 예선 때 수화기를 붙잡고 노래를 미친 듯이 불렀던 것을 생각하면 지금도 웃음이 난다. 요즘 오디션 프로그램을 보면 오프라인으로 예선을 진행하지만, 그때는 전화로 1차 심사를 해서 더 긴장이 될 수밖에 없었다. 그렇게 예선을 치르고 담당 PD님을 만났을 때 이런 말씀을 하셨다.

"넌 왜 노래를 한 번밖에 안 했어? 다른 사람들은 수십 번씩 불러서 통과시킨 건데."

아직도 내가 왜 그랬는지는 모르겠다. 그냥 열과 성을 다해 불렀다. 노래라는 것이 진정성이 필요한데 아마도 한 번의 노래에 내 혼신의 힘을 쏟았기 때문에 뽑힌 것인지도.

어쨌든, 드디어 대망의 본선. 쟁쟁한 보컬들이 모인 자리에 내가 주목을 받을 수 있는 방법을 찾다가 '자작곡'만한 것이 없다는 생각이 들었다. 작전은 성공했다. 그 주에 1등, 주장원전을 거쳐 월장원전까지. 월장원전에서도 자작곡으로 1등을 받으며 김형석 씨의 눈에 들게 되었다. 최근 여러 오디션 프로그램에서 자작곡으로 경합을 하는 친구가 심심치 않게 보이지만 당시에는 자작곡으로 선다는 것 자체만

“내가 주목을 받을 수 있는 방법을 찾다가
‘자작곡’만한 것이 없다는 생각이 들었다.
그 주에 1등, 주장원전을 거쳐 월장원전까지.
월장원전에서도 자작곡으로 1등을 받으며 김형석 씨의 눈에 들게 되었다.”

으로도 이목을 끌기에 충분했다.

이쯤 되니 새삼스러워도 한 가지 폭탄선언을 하고자 한다. 그 자작곡에 숨겨진 이야기. 지금 이 이야기를 하면 스승님이신 김형석 씨께서 배신감을 느낄지도 모르겠으나, 내 에세이니만큼 당당하게 말하련다. 하하하.

사실 그 자작곡을 편곡하면서 C모 사의 작은 키보드를 사용했는데, 그 녀석이 바로 일등 공신이나 다름없다. 그 키보드의 '록발라드' 버전 키를 누르면 코드에 맞게 편곡 반주가 나와, 어느 정도는 자동 편곡이 되는 똘똘한 녀석이었다. 예를 들어 내가 도 음을 치면 키보드에서는 C키의 반주가 생성되는 그런 식.

그런 줄도 모르고 김형석 씨가 나를 얼마나 마음에 들어 하셨던가! 월장원전을 마친 다음 날 엠넷 담당 PD님께서 바로 전화를 주셨다.

"김형석 씨가 너 좀 따로 보자는데?"

아……! 내 인생의 첫 종이 울리는 순간이었다.

PAPER 04

베이지색 와이셔츠의 축복

가요제 전에 신기한 일이 있었다. 단순한 에피소드지만 당시에는 운명이라고 생각할 정도로 놀라운 일이었다. 어렸을 때부터 교회에 나갔었는데, 솔직히 나는 '나일론 신자'였다. 몸만 갔지, 믿음은 깊지 않은 그런 신자. 그런데도 간절한 소망이 있어 그런지, 기도는 참 열심히 드렸었던 것 같다. 매일 떼쓰는 아이처럼 같은 기도만 했었다.

'우리나라 최고 작곡가 김형석 씨 밑에만 들어가게 해주신다면 교회를 위해서 무언가 하겠습니다!'

그러자 놀랍게도 바로 일주일 후 김형석 가요제가 열렸고 월장원 1위까지 하고 바로 개별 오디션까지 보게 된 것이다.

김형석 씨 사무실에서 오디션을 본 날, 그의 베이지색 와이셔츠가 아직도 또렷이 기억이 난다. 그 정도로 긴장이 되었다.(우리나라 당대 최고가 아니었던가!)

나는 떨리는 마음으로 김형석 씨가 작곡한 임창정의 〈결혼해줘〉를 불렀다. 잘 보이려고 김형석 씨의 곡을 선택한 것도 있었지만, 진심으로 좋아하는 노래기도 했다. 김형석 씨가 워낙 미성을 좋아해서 그랬는지 단번에 내 목소리를 마음에 들어 했다. 내일부터 바로 사무실에서 연습하라는 축복이 떨어졌다. 지금까지도 그 날을 잊을 수 없다. 내가 가장 꿈꿔오던 일을 시작하게 된 날…….

버스를 타고 집으로 돌아오면서 감사 기도를 드리고 있는데 전화가 한 통 걸려왔다. 교회였다.

"봉사 활동 할 곳이 생겨서 한 자리가 비는데 하시겠어요? 고등부 교사 자리입니다."

그래. 기도했었다. 김형석 씨 밑에 들어가게만 해주신다면 교회를 위해 일한다고 했었다. 그렇게 교회 고등부에서 피아노 반주와 찬

양 팀을 맡게 되었다.

이 일은 사실 나에게 정말 중요한 전환점이 되었다. 피아노를 매일 연습할 공간이 생기고 고등부 아이들과 자유롭게 어울릴 수 있게 되면서 그들이 무엇을 좋아하고 어떤 생각을 가지고 있는지 공감하는 좋은 기회였다. 대중음악을 하기에 적합한 환경이 갖추어진 것이다. 이후 고등학생들과 얘기할 시간이 많이 생겼고, 그들이 좋아하는 음악과 가수들의 성향에 대해서 자연스럽게 알게 되었다.

교회에서 밴드 활동도 하였다. 밴드의 이름은 '배. 산. 욱' 베이스를 맡은 이흥배의 '배', 기타를 치는 신지산의 '산', 드럼을 치는 황순욱의 '욱'. 이 세 명의 끝 자를 따서 '배. 산. 욱'이었다. 난 피아노와 보컬을 맡기로 하고, 밴드가 결성된 후 제일 마지막에 합류하였다. 밴드에서 가장 신경 써야 할 것은 포 리듬Four Rythem(기타, 베이스, 드럼, 피아노)의 호흡 그리고 연습량인데 그때 꾸준히 연습했던 것이 지금 작곡하는 데 있어서 많은 도움이 되었다. 드럼과 베이스 간 호흡의 중요성, 그리고 기타의 리듬에 따른 음악의 변화 등 많은 것을 경험할 수 있는 중요한 기회였다.

또한 밴드 내에서 서로 음악 얘기를 주고받다 보면 지식도 많이 늘뿐더러 장단점을 알 수 있어서 좋다. 그러므로 음악 활동을 하려는 사람들은 밴드를 해보는 것도 많은 도움이 될 것이다.

연주를 잘 하는 실력파 뮤지션 중에 교회에서 반주를 했던 사람들이 많은 것은 아마도 그 이유일 테다. 자기 파트 뿐 아니라 돌아가면서 다양한 악기를 다뤄볼 수 있고, 매주 연주할 기회가 주어지기 때문에 연습량이 많을 수밖에……. 그래서 추천해주고 싶다. (약속이라도 한 듯이 서로 연주가 잘 맞아떨어졌을 때의 그 짜릿함이란!) 이런 이런 때문에 밴드를 한다고 해도 과언이 아닐 정도다.

"나에게 정말 중요한 전환점이 되었다.
피아노를 매일 연습할 공간이 생기고 고등부 아이들과
자유롭게 어울릴 수 있게 되면서 그들이 무엇을 좋아하고 어떤 생각을
가지고 있는지 공감하는 좋은 기회였다."

PAPER 05

변기 위에서 햄버거를 '원샷' 해본 적 있나요?

·
·
·

꿈에 그리던 김형석 사단에 들어가다니! 미래로 한 발 나아갔다는 생각에 마냥 들뜨기만 했다. 매일 아침 눈을 뜨자마자 "아 사무실 가서 연습해야지!"하며 이부자리를 박차고 일어났을 정도로 오로지 음악과 연습 생각뿐이었다.

그렇게 나의 연습생 생활이 시작되었다. 반면, 서러운 나날의 시작이기도 했다. 그때는 몰랐지만.

호환마마보다도 무서운 게 가난이라 했던가. 그 가난보다 무서운 게 있다면 바로 연습생 시절이라고 자신 있게 말할 수 있다. 정말 겪어보지 않은 사람은 모른다. 얼마나 서럽고 견디기 힘든 날들이었는지…….

지금은 정말 많이 달라졌지만, 그때는 소심한 아이였다. 방송 프로그램에서 시원하게 웃고 떠드는 나의 모습을 보신 분들은 전혀 상상도 못하겠지만 말이다.

고백하건데 5년을 연습생으로 있으면서 회사에서 밥을 먹은 적이 딱 한 번밖에 없을 만큼 소심함의 극치였다. 밥을 먹으면 회사 경비가 지출되니까 일부러 먹지 않았다. 밥을 축내고 돈만 들어간다고 미움 받을까봐, 끝까지 붙어 있으려고……. 그러다가 배가 끊어질 듯이 고프면 회사 앞 패스트푸드 점에서 햄버거를 사 들고 와, 화장실 변기 위에 앉아 딱 세 입에 꾸역꾸역 밀어 넣고는 연습실로 후다닥 들어갔다. 제대로 씹지도 못해 배앓이도 얼마나 잦게 했는지 모른다. 왜냐하면 아무리 10시간을 연습을 해도 잠깐 내가 보이지 않은 걸로 땡땡이친다고 생각할 수도 있지 않겠는가. 고작 몇 분이지만 그런 식으로 내 노력을 오해받고 싶지는 않았다.

이런 눈칫밥은 아무것도 아니었다. 정말 말도 못하게 추운 겨울날, 녹음실의 피아노를 치다가 언 손가락이 건반에 부딪쳐서 피가 날 정도로 부스 안이 추웠다. 기름 값이 많이 나올까봐 함부로 틀지도 못하고 다친 손가락을 후후 불며 연습을 하고 있었는데, 당시 1집을 내고 유명해진 박진영 씨가 지나다가 안쓰러웠는지 히터를 몰래 틀어주었다. 얼마나 따뜻하던지 그 마음이 눈물 나게 고마웠다.

그런데 예상치도 못한 일이 생겼다. 히터를 틀면 경보음이라도 울리는 건지, 어떻게 알고 회사의 높은 분이 들어 오셔서 기름 값 무서운 줄 모르냐며 엄청나게 야단을 치셨다. 이럴 바엔 집에나 가라며 어찌나 핀잔을 주시던지. 집으로 돌아오는 길에 설움이 복받쳐 폭풍 눈물이 쏟아졌다. 연습생에게는 꽤 큰 상처였다. 주눅이 들어 그 다음날부터 일주일 동안 회사에 가지 못할 정도로…. 김형석 씨가 왜 나오지 않느냐며 수차례 전화를 주셨지만, 차마 히터를 틀었다가 혼이 나서 가지 못하겠노라 말을 할 수가 없었다. 죄송하다는 말만 되풀이할 뿐.

수화기 너머로 제대로 말도 못하고 웅얼거리는 내가 안쓰러웠는지, 얼마 후 김형석 씨가 나에게 '특약 처방'을 내려주었다. 누구를 만나든 '김형석이 키우는 제자'라고 자신 있게 말하고 다니라는 것이었다. 감히 '김형석'이라는 이름 석 자를 내 수식어로 써도 될까 하는 두려움도 있었지만, 나에게는 무엇과도 비교할 수 없는 큰 무기였다.

정말 놀랍게도 그 이름 석 자를 대면 못 어울릴 사람이 없었고, 급기야 주변에 사람이 몰리기까지 했었다. 그렇게 내 자신감은 충전되기 시작하고 위축됐던 소심한 마음이 점차 넉살과 강단으로 다져지게 되었다. 김형석 씨의 이끎이 아니었다면, 그 사소한 일 하나로 내 꿈까지 포기해버렸을지도 모른다.

살면서 그동안 꾹꾹 눌러 잘 참아 놓고 괜히 별 것 아닌 일에 빵 하고 터지는 위험한 순간이 한 번쯤 찾아오는데, 한편으로 그때가 가장 중요한 순간이 되기도 한다. 그래서 그 시기에 꼭 필요한 것이 '자신감'이 아닐까 싶다.

절대 자신을 초라하다 생각하지 말 것.
언젠가, 곧 자신이 또 하나의 연습생을 키워낼
스승이 될 테니까….

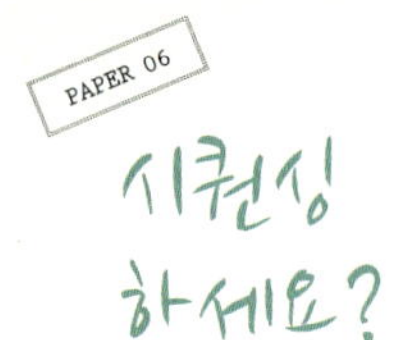

김태우의 〈사랑비〉를 쓴 이현승 작곡가를 처음 본 것은 김형석 씨 사무실에서였다. 그는 김형석 씨의 수제자로서 나보다 어렸지만 피아노를 잘 치고, 작곡 실력이 월등히 좋았다. 처음 사무실에 출근했을 때 그가 나에게 물었던 말이 아직도 기억난다.

"시퀀싱Sequencing하세요?"

나는 "아니오."라고 대답하였다.(사실 난 '시퀀싱'이란 말이 뭔지도 모르면서 기죽지 않으려고 그냥 대답했다!) 당시 나는 '싱어송라이터'의 꿈도 있었기 때문에 노래 연습 이외에도 작곡에 대한 자문을 구하던 시절이었다. 그는 나중에 나에게 가장 많이 도움을 주었다. 심지어 서울예술대학 시험을 볼 때 내가 쓴 곡의 피아노를 그가 쳐주기도 했으니!

그때 심사하셨던 정원영 교수님이 피아노 반주를 직접 쳤냐고 물었을 때 나도 모르게 내가 쳤다고 거짓말한 일도 있었다.(그럼 한 번 쳐보라고 했을 때 어리버리하게 쳐서 단번에 떨어졌지만!)

시퀀싱은 케이크워크Cakewalk(작곡 프로그램)로 시작하였다. 정말 기계를 잘 못 다루는 내게 그 프로그램은 너무나 어렵고 난해했다. 그러나 차차 리듬을 찍는 일과 그 위에 피아노를 치고 베이스를 입히며, 기타를 녹음하는 법 등을 배우면서 매력을 알게 되었다. 비록 편곡의 수준은 떨어졌지만, 오랜 시간에 걸쳐 마침내 완성한 음악을 듣고 있노라면 그보다 더 행복할 수 없었다.

김형석 씨는 항상 나에게 습작을 많이 해놓으라고 충고했다. 그때부터 무작정 곡을 많이 만들기 시작하였다. 별 볼 일 없는 곡들이었지만 그는 항상 칭찬으로 나를 춤추게 했다. 어쩌면 그때의 자신감이 지금까지 이어져오고 있는지도 모른다.

이렇게 열심히 곡을 만들어서 녹음까지 마쳐도 앨범이 무산되는 경우도 있었으니 얼마나 습작을 많이 해놓아야 하는지 짐작이 갈 것이다. 한번은 신인 여자 가수의 노래를 준비하고 녹음까지 마쳤는데 제작자의 빚으로 앨범이 무산된 적도 있었다. 그때 느낀 좌절감은 정말 말로 표현할 수 없는 수준이었다.

얼마나 오랫동안 절망해 있었던가! 하지만 또 열심히 곡을 쓰며 힘을 내기로 했다. 최선을 다하다 보면 언젠가는 빛을 볼 수 있을 것이라는 희망이 있었기 때문에!

“시퀀싱은 케이크워크Cakewalk(작곡 프로그램)로 시작하였다.
차차 리듬을 찍는 일과 그 위에 피아노를 치고 베이스를 입히며,
기타를 녹음하는 법 등을 배우면서 매력을 알게 되었다.
오랜 시간에 걸쳐 마침내 완성한 음악을 듣고 있노라면 그보다 더 행복할 수 없었다.”

PAPER 07

마이더스 손과의 첫 만남

·

·

·

2000년도의 연예계는 주먹(?)을 쓰시는 분들과 연관이 꽤 많았다. 우리 사무실도 예외는 아니었다. 그래서인지 사무실 식구들과 같이 있을 때면 종종 그분들(?)을 볼 수가 있었는데 영화로만 봤지 실제로는 처음이었다. 생각보다 부드럽고 재미있는 사람들이었다.

이름을 밝힐 수 없는 유명 작곡가의 일화가 하나 있다. (나도 직접 본 건 아니었지만.) 그 작곡가와 사이가 틀어진 어느 제작자가 건달들(?)을 작곡가에게 보낸 적이 있었다. 그 수많은 무리 앞에서 그분이 딱 한 마디를 하셨다고 한다.

"나 사우나 좀 갔다 와서 얘기해"

이런 일화를 들을 때면 작곡가도 아무나 하는 게 아니라는 생각이 든다. 주먹들(?)과의 관계도 그렇지만 제작자와 매니저들과의 관계도 중요하다. 좋은 제작자와 좋은 작곡가 그리고 좋은 작사가, 이렇게 삼박자가 맞아 떨어졌을 때 히트곡이 나올 확률이 높다. 좋은 멜로디가 있어야 좋은 가사가 나오고, 홍보를 잘하는 제작자가 그 곡을 홍보했을 때 최상의 결과를 낼 수가 있기 때문이다. 그렇기에 작사, 작곡가들은 인간관계도 지혜롭게 잘 풀어 나가야 한다.

그런 의미였을까. 김형석 씨는 종종 제작자들과의 미팅에 나를 데려가곤 했다. 그때는 잘 몰랐지만, 제작자들과의 관계를 체감할 수 있는 좋은 경험이었다.

하루는 제작자 신철 씨 사무실로 향하던 날이었다. 지금으로부터 20년 전 '철이와 미애'로 가요계에 센세이션을 일으켰던 바로 그 '철이'. 가는 도중 어찌나 설레고 두근두근 했던지 손이 다 떨릴 정도였다.

신철 씨의 첫인상은 지금도 잊히지 않을 정도로 강렬했다. 날카로운 눈빛에서 뿜어져 나오는 포스는 보는 이를 압도할 만큼 대단했다. 더구나 말솜씨는 넋을 잃고 듣게 될 정도로 무척 유창했다. 역시 최고의 제작자는 뭐가 달라도 달랐다.

그날의 미팅 목적은 유승준 씨의 〈나나나〉 앨범 발표에 대한 것이었다. 그런 대단한 일이 내 눈앞에서 실제로 펼쳐지다니. 희대의 히트곡 〈나나나〉의 탄생 과정 안에 잠시 있었다는 것이 신기하면서도 두고두고 자랑스러웠다.

당시 나는 가수가 꿈이었기 때문에 유승준 씨를 비롯한 박진영 시, 김현성 씨 등 수많은 인기 가수를 직접 보는 것이 꿈만 같았다.

유승준 씨는 결국 안타깝게 됐지만 인품이 훌륭했던 것으로 기억이 난다. 나 같은 연습생에게도 따뜻하게 대하며 내내 밝은 미소를 잃지 않았었다.

박진영 씨는 김형석 씨 제자 중에서도 가장 성공한 작곡가 겸 제작자고 가수였다. 늘 노력하는 모습이 인상적이었으며 음악에 대한 열정이 남달랐을 뿐만 아니라 가수를 키워내는 일에도 관심이 많았다. 어느 날 김형석 씨에게 찾아온 박진영 씨는 다섯 명의 아이돌을 키울 것이라고 했다.

"형! 나 같은 애들 다섯 명 모아 놓으면 재미있을 것 같지 않아? 한 명은 '어린 김조한'이라니까! 노래를 기가 막히게 해!"

그들은 나중에 'god'라는 이름으로 데뷔하여 국민그룹이 되었다.

자신이 가수로 성공한 것뿐 아니라 또 하나의 스타를 만들어내는 그의 실력은 나에게 피드백이 되기도 한다. 만능 엔터테이너로서 왕성하게 활동하는 그의 열정에 진심어린 박수를 보내고 싶다.

박진영 씨는 최근 박경림의 〈별이 빛나는 밤에〉라는 라디오 프로그램을 함께하면서 다시 만났다. 하지만 아쉽게도 박진영 씨는 나를 기억하지 못하는 듯했다. 아무래도 그가 톱스타가 되었을 때 내가 데뷔를 해, 활동 시기가 달라 그럴지도. 기억을 하든 못하든 뭐가 그리 대수랴! 그래도 이젠 연습생 신분을 떼고 같이 방송을 한다는 것만으로도 뿌듯했다.

김조한 씨는 당시 최고의 톱스타였지만 지금도 나를 잘 기억하고 있을 만큼 사무실에서 자주 보았던 것 같다. 그래서 그의 노래도 쉽게 들을 수 있었다. 그는 내가 봐도 늘 24시간 노래하고 있을 만큼 연습벌레였다. 한순간에 쉽게 만들어진 인기가 아니라는 것을 알 수 있을 정도였다. 어색한 한국말로 나에게 "노 나랑 또가튼 모자 썼엉(너

나랑 똑같은 모자 썼어.)"이라고 말하며 환하게 웃던 모습이 아직도 눈에 선하다.

내가 가진 꿈을 이룬 뮤지션들을 직접 보고 교류한다는 건 어린 나에게 큰 행운이었다.

PAPER 08

귀가 갑자기 이상해져서 나를 뽑은 게 아닐까?

매일 집과 사무실만 오가며 연습을 했어도 실력은 쉽사리 늘지 않았다.(애초에 발성법 자체에 문제가 있었다는 걸 이제야 깨달았지만.) 자꾸 고음에서 음이탈이 생겨 김형석 씨도 매우 걱정스러워했다.

그 즈음 한 고등학생이 연습실에 들어왔다. 예쁘장하게 생긴 녀석이었는데 노래는 썩 잘하지 못했다. 그러나 성격이 좋아 나와 같이 연습하면서 친한 친구처럼 하루하루를 보냈다.

그 즈음 김형석 씨가 나에게 오디션이 있다며 사무실로 오라고 했는데 그때 그 친구도 같이 왔다. 알고 보니 댄스 그룹 오디션이었는데 내가 그 그룹의 메인 보컬로 덜컥 합격을 해버린 것. 그런데 나는 당시 댄스에는 흥미가 없었고 발라드 가수가 하고 싶었다. 그래서 김형석 씨에게 전화를 해 합격시켜준 것은 감사하나 댄스그룹은 죽어도 못하겠다고 솔직하게 털어놓았다. 그때 김형석 씨는 내가 얼마나 바보 같고 한심해 보였을까? 그 중요한 기회를…….

하지만 내 선택은 옳았다. 그 그룹이 메인 보컬이 없는 채로 데뷔해서 그런지 이름도 제대로 알리지 못한 채 앨범을 접게 된 것이다. 그때 그 고등학생 친구가 지금은 어떻게 지내고 있을지…….

그 후 나이가 들어 보이는 형이 들어왔는데 록커가 꿈인 사람이었다. 발성 자체가 특이했지만 소리를 제대로 낼 줄 아는 사람은 아니었다. 당시 연습생이었던 내가 봐도 가수는 무리였으나 그 노력과 열정에는 박수를 보내고 싶었다.

거의 쉬지 않고 연습을 하는 것 같았다. 그 형과 아주 친해져서 같이 연습하고 의지할 수 있게 될 때쯤 결국 그 형도 사무실을 나가게 되었다. 자신의 다른 미래를 찾기 위해서였다.

그렇게 연습생들은 계속 바뀌면서 사무실을 나갔다. 아마 내가 가장 마지막까지 있었던 것 같다. 그만큼 연예계에서는 '끈기'와 '인

내'가 중요한 덕목이 아닐까 싶다.

노래 실력이 너무나 부족하다는 사실을 내 스스로 잘 알고 있었다. 내 간절한 기도 덕분에 김형석 씨의 귀가 갑자기 이상해져서 나를 뽑은 게 아닐까하는 생각이 들 정도였느니……. 그렇게 5년 동안 나는 죽어라 연습만 했지만 앨범을 낼 수 있을 정도의 실력은 나오지 않았다.

한 번은 이런 일도 있었다. 김형석 씨가 나에게 연습을 하라고 곡을 하나 주었는데 김조한 씨의 〈그때로 돌아가는 게〉라는 노래였다. 나는 아름다운 멜로디와 편곡에 흠뻑 빠져서 온종일 그 노래만 연습했다. 하지만 결정적으로 내가 그 노래의 음역대를 소화하지 못했다. 나는 고음이 많이 약했고 김형석 씨의 판단에 의해서 그 노래는 김조한 씨에게 넘어갔다. 아쉽고 속상하긴 했지만 내 실력으로 부르기엔 턱없이 어려운 곡이었으니 차라리 잘됐다고 생각한다. 내가 부르지 못하는 음역대를 소화하는 가수가 불러야 곡에 더 생명력을 불어넣을 수 있을테니!

매일 아무리 연습을 해도 늘지 않는 내 노래 실력에 스스로도 한계를 느끼기 시작할 무렵(아마 그 때부터였을 것이다. 내 꿈이 바뀌게 된 것은.)

"가수가 되기 위해 연습하기보다는
김형석 씨가 곡을 쓰는 모습을 어깨 너머로 배우기 시작했다.
좋은 가수가 내가 쓴 멜로디나 가사를 불러준다는 생각을 하니
심장이 방망이질 치며 설레었다."

곡을 쓰면 어떨까하는 생각을 하기 시작했다. 그때부터 가수가 되기 위해 연습하기보다는 김형석 씨가 곡을 쓰는 모습을 어깨 너머로 배우기 시작했다. 좋은 가수가 내가 쓴 멜로디나 가사를 불러준다는 생각을 하니 심장이 방망이질 치며 설레었다.

생각해보니 나는 어렸을 때부터 워낙 소설을 좋아하기도 했고 만화를 무척 좋아했다. 만화란 만화는 다 봤던 것 같다. 특히 만화 안에서도 큰 상상력을 얻을 수 있었다. 순정만화도 봤는데 그 안에서의 설렘을 표현한 것들은 어떤 절절한 경험보다도 더 현실적으로 다가왔던 것 같다.(나중에 내가 가사를 쓰기 위해 영감을 얻는 데에 많은 도움이 되었다.)

어쨌든 김형석 씨는 내가 곡을 쓰는 것에 호기심을 보이며 이것저것 물어보자 어느 날 나를 붙잡아 두고 집중 레슨을 해주었다. 생각지도 못한 개인 레슨! 어찌나 눈물 나게 감사하던지 다른 빛깔로 펼쳐질 미래에 대한 용기까지도 얻을 수 있었다.

PAPER 09

아이디, '주니어 형석'과의 만남

어느 날 한 포털사이트에 김형석 씨를 좋아하는 사람들이 모여 만든 팬 카페가 생겼다. 김형석의 수제자(?)인 나 역시 들어가서 김형석 씨 근황을 알려주며 메인 멤버 역할을 하면서 점점 규모가 커졌다.

카페를 드나들다보니 유독 눈에 띄는 아이디가 있었다. '주니어 형석'. 누구일까 무척 궁금했었다. 미묘한 기분도 들고.

그 사람이 바로 작곡가 조영수다. 현재 최고의 작곡가가 되었지만, 처음엔 그도 음악을 하고 싶어 어떻게든 김형석 씨와 엮어지길 원했던 사람 중 하나였다. 그 끈이 바로 '나'였었다. 당시 김형석 제자는 거의 나 하나뿐이었으니까.

영수 형과 카페에서 음악 이야기, 김형석 씨 이야기를 하며 가까워졌다. 한 번은 형이 만든 곡을 녹음한 데모라고 해서 들었는데, 웬걸! 정식 데뷔를 한 것도 아니면서 어지간한 정식 발표곡을 뛰어 넘는 완성도를 느낄 수 있었다. 모든 곡들이 R&B를 기초로 한 음악으로 혼자 만들었다는 것이 믿기지 않을 정도로 훌륭했다. 일단, 김형석 씨를 만나게 해줘야겠다는 생각이 들어 무턱대고 김형석 씨와 약속을 잡았다.

사실 그때, 김형석 씨의 곡을 받겠다고 줄을 선 사람들이 얼마나 많았는지 모른다. 거짓말 조금 보태서 줄을 세워 놓는다면 서울 둘레를 감고도 남았을 것이다. 전화벨만 울렸다하면 곡 달라고 조르는 사람들이었고, 사무실에 찾아와 죽치고 버티는 사람도 있었다. 거의 빚쟁이처럼 쫓기다시피 하면서 나 역시도 얼굴 보기가 힘들 정도라, 미리 잡아 뒀던 영수 형과의 약속도 번번이 불발돼버리고 말았다.

사정이야 어떻든 영수 형으로서는 내가 참 야속하기도 할 만 한데, 사람이 속이 좋은 건지 나를 믿어줬던 건지 그저 묵묵히 기다리고만 있었다. 고맙기도 하면서 한편으로는 어서 빨리 사부님이 영수 형

의 곡을 들어줘야 한다는 생각에 내가 다 조급해지기도 했다.

그러던 어느 날, 정말 우연히 김형석 씨가 영수 형의 음악을 듣더니 바로 곡을 쓰자고 하는 것이 아닌가. 맙소사! 이런 날이 오려고 우리가 그렇게 마음고생을 했었던 걸까. 벅참과 설렘이 한꺼번에 밀려오는 순간이었다.

그러나 기쁨도 잠시……. 우리 사부님을 한시도 가만히 두지 않던 제작자들의 스토킹(?) 탓에 하나의 에피소드로 그냥 지나쳐버리고 말았다. 하지만 이 일로 서로의 음악 색깔이나 추구하는 방향을 알 수 있었고, 조언을 나누면서 동료 이상의 끈끈함을 쌓게 되었다. 그렇게 우리 둘의 떼려야 뗄 수 없는 운명의 서막이 시작되고 있었다.

그 일이 있은 후, 우리는 더욱 깊게 서로의 음악을 이해해가며 나름대로 음악 세계를 만들고 있었다.

어느 날 한 번은 영수 형이 나에게 자기가 만든 곡에 가사를 붙여보라고 했다. 그러나 당시 나는 건반 실력도 수준급이라 할 수 없었고, 곡도 잘 쓰는 편이 아니라는 생각 때문에 겁부터 나서 용기가 생기질 않았다. 내가 무슨 작사를 하겠냐며 한사코 거절하는 나를 영수 형이 이상하리만치 집요하게 설득하는 것이 아니겠는가.

형의 독려가 있기도 했지만, 영수 형의 곡이라면 귀가 아닌 마음으로 들을 수 있을 테니 진심을 담아 써본다면 좋은 곡이 탄생할지도 모르겠다는 기대감에 큰마음 먹고 도전해보기로 했다.

그런데 작업을 시작하니 예상치도 못한 강한 매력에 빠져 들어버린 것이다. 영수 형 노래가 R&B 발라드라 노래를 부를 때 생각해 두었던 발음 부분에 대한 아이디어를 반영해 작업하자 신기하게도 가사가 술술 써내려가지는 것이었다. 서서히 본격적으로 형의 노래 멜로디에 가사를 붙이기 시작하면서 손발이 척척 맞아 떨어지는 경험을 많이 했고, 금세 곡 섭외가 들어왔다.

'SO U'라는 신인 그룹이었는데 데뷔곡으로 우리를 선택한 것. 그 기쁨은 말로 표현할 수가 없었다. 그러나 액땜이었을까. 안타깝게도 그 신인 그룹은 녹음을 다 마친 상태였음에도 사정 상 데뷔가 연기되면서 우리에게 뜻밖의 시련이 다가왔다. 영수 형 쪽은 그나마 나보다 상황이 더 나았다. 당시 'SO U' 곡 작업과 함께 옥주현 앨범에도 참여하면서 조금씩 두각을 드러내고 있었으니.

그 일이 있은 후, 나의 데뷔는 안드로메다로 사라져버린 것만 같이 아주 오랫동안 기미조차 없었다. 꽤 지루한 시간이었지만, 꼭 성공할 것이라는 강한 믿음이 있었고 거기에는 영수 형의 응원이 매우 큰 의지가 되었다.

조영수. 그는 나에게 있어 친형보다도 더 친형 같은 존재이자 유일한 '음악 피붙이'다. 형을 만나지 못했다면 지금의 나는 없었을지도 모른다. 파트너이기 전에 든든한 버팀목이랄까? 나 역시도 형에게 그런 존재이고 싶다. 내게 너무 소중한 존재이기에 형에게 나 역시 의지가 되고 있는지 한 번씩 생각해보곤 하는데…… 하하, 모르겠다!

영수 형! 형도 내가 좋은 거 맞지? 하하하.

PAPER 10

가장 가까운 …
그러나 믿음보다
더 큰 무언가

·

·

·

내 삶의 지대한 영향을 끼친 영수 형 이야기를 이어가보자 한다. 영수 형은 상처가 많은 사람이었다. 그는 자신과 한 번 친해져 '가족'이라는 생각이 들면 정말 친 가족처럼 마음을 쓰는 정이 많은 사람이기도 하다.

한 번은 한 가수 지망생이 형을 배신한 일이 있었다. 자신의 앨범을 내려고 영수 형의 뒷통수를 쳤던 것이다. 가난했던 그 가수 지망생의 집에 비가 와 창문에 물이 샌다는 걸 알고 형 자신도 빠듯해 빚을 져가면서까지 그 창문을 공사해주었을 만큼 그 동생을 아꼈다. 그렇게 아꼈던 동생에게 배신을 당한 영수 형의 상처는 굳이 문장으로 표현하지 않더라도 컸다는 것을 짐작할 수 있을 것이다.

그런 상황들을 옆에서 지켜보며 내 마음이 더 아팠고, 형에 대한 내 애정이 더 각별해졌다.

영수 형은 작업실이 없었다. 조그만 건반 한 대와 마이크 하나가 전부였지만 그런것들이 무색할 만큼 그의 음악은 뛰어났다. 아마추어 때부터 영수 형의 '코드'와 멜로디를 쓰는 '감성'은 이미 '일류'였다. 우리는 차가 없어 늘 걸어 다니고 추위에 떨다 감기에 걸리기 일쑤였지만 마음만은 늘 부자였다. 언젠가 꼭 잘 될 것이라는 확신이 있었기 때문에.

결국 우리는 그 확신으로 여기까지 왔고 이제 나에게 영수 형은 친형과도 다름없다. 아무것도 가지지 못했을 때부터 만나 지금까지 형제처럼 지내왔기 때문에 둘 사이에는 '믿음'이라는 단어보다 더 큰 무언가가 있다. 아마도 '영원'이라는 단어가 더 어울릴 것 같다. 물론 사소한 것 때문에 싸운 적도 있다.(토라진 지 10분도 못 가 풀려서 그렇지만.) 영수 형은 나의 인생의 살아가면서 제일 큰 선물이라고 생각할 만큼 절대적인 존재나 다름없다.

영수 형은 수더분해 보이는 외모와는 다르게 독특한 면이 있다. 전화를 잘 받지 않는 것. 아무 이유도 없다. '그냥' 전화를 잘 받지 않는다. 가사를 쓸 때는 몰랐는데 작곡가로 전향하고 나서는 이 세계에서 비즈니스가 중요하다는 걸 알게 되었다. 그래서 보통 유명 작곡가들도 비즈니스를 할 수밖에 없는데 영수 형은 그런 게 없다. 그럼에도 영수 형이 작곡으로 가요계에서 TOP 작곡가 인 걸 보면 '천재'라고밖에 설명이 안 된다. 그가 곡을 쓰는 것을 옆에서 쭈욱 지켜봐 온 나지만, 작곡가들의 세계를 직접 겪어보니 형이 정말 대단하다는 생각이 든다.

내가 작사를 그만두고 작곡을 시작하자 조영수, 안영민 콤비가 깨졌다고 소문이 무성했다. 연예계에는 보통 두 사람이 함께 시작해도 잘 되고 나서부터는 갈라지는 팀들이 너무 많기 때문일 것이다. 어쩌면 우리 둘이 깨지길 바라는 사람들이 많았을지도 모른다. 아무튼 그런 소문은 우리를 잘 모르는 사람들의 입을 통해 퍼져나갔다. '아니 땐 굴뚝에 연기가 나는 곳'이 바로 '연예계'임을 다시 한번 뼈저리게 느끼는 순간이었다.

PAPER 11

데뷔는 아름다워

어느 날 영수 형이 'AND'라는 가수의 작곡을 맡았는데, 그 앨범의 프로듀서가 작곡가 박근태 형이었다. 김형석 씨와 쌍두마차로 최고의 주가를 올리던 작곡가.

근태 형은 영수 형을 눈여겨보다 마음에 들어 함께 곡을 만들어 보자고 덥석 손을 잡았고, 영수 형과 '세트'였던 나는 덩달아 합류하게 되었다.

그러나 그때만 해도 나는 작사가로서 큰 두각은 드러내지 못한 터라 영수 형의 역할이 무척 컸다. 형은 나에게 수정할 부분을 정확히 짚어주고 조언해주었다. 나는 습득 하나는 참 빨랐다. 하나를 가르쳐주면 열을 익히는 편은 아니어도 가르쳐준 하나는 무조건 습득했다.

정식 데뷔곡은 SG워너비 1집의 〈요즘 넌〉이다. 밝은 분위기의 경쾌한 템포의 곡인데 유학 간 연인에게 부르는 내용의 노래다. 이 노래로 드디어 박근태, 조영수 공동 작곡에 안영민 작사가 시작되었다.

당시 근태 형은 SG워너비의 1집 프로듀서를 맡고 있었고, 영수 형과 공동 작곡으로 발라드를 시작했다. 그 곡의 가사가 급하게 필요하자 영수 형이 내게 맡겨보면 어떻겠냐고 근태 형에게 제안을 한 것이 SG워너비의 〈사랑하길 정말 잘 했어요〉이다. 둘은 제목부터 마음에 들어 했고 그 노래는 당시 앨범 타이틀곡이 아니었음에도 불구하고 1위까지 오르는 기염을 토했다. 첫 곡부터 대박이 나 주목을 받은 셈이었다.

SG워너비의 가사에는 되도록 시에서 많이 볼 수 있는 비유적인 표현을 사용했다. 내 가사가 쉽게 쓴 것 같아 보이지 않기 위한 마음도 있었다. 쉽게 쓰나 어렵게 쓰나 장단점이 존재했지만 개인적으로 SG워너비의 초기 앨범들의 가사는 무척 마음에 든다.

SG워너비 1집은 나오자마자 엄청난 인기를 얻으며 무려 한 앨범에서 세 곡이나 히트를 치는 놀라운 일이 펼쳐졌다. 〈Timeless〉, 〈사랑하길 정말 잘했어요〉, 〈죽을 만큼 사랑했어요〉가 바로 그것이다.

SG워너비 1집에 매진하면서 내 경력에 큰 도움이 되었다. 그때부터 저작권은 앨범 인세를 받았는데, 참여하는 것만큼 인세로 받는 조건이었다. 의도한 바는 아니었지만 덕분에 나는 당시 국내에서 가장 많은 인세를 받는 작사가가 되었다. 업계에서도 'SG워너비 앨범에 가장 많이 참여한 작사가'로 통했다. 앨범 한 장으로 억 단위의 인세를 받았으니 그 별명을 나도 모르게 인정하고 있었다. 성공만큼 큰 실패는 없다는 말처럼 이때의 성공이 나에게 어떤 변화가 될지 이때는 미처 알지 못했다.

Happy Together
CHO YOUNG SOO
ALL STAR
T-ARA [SO YEON]
WITH
AN YOUNG MIN
대학가요제
heartattack

"성공만큼 큰 실패는 없다는 말처럼
이때의 성공이 나에게 어떤 변화가 될지 이때는 미처 알지 못했다."

PAPER 12

정점, 그리고 미끄러짐

작사를 본격적으로 시작하면서 정말 중요한 앨범의 작업 섭외가 들어왔다.

신화의 앨범으로 그들이 SM엔터테인먼트를 나와서 처음으로 발매하는 신보였다. 이건 무조건 성공해야만 했다. 신화에게도 나에게도 정말 중요한 기회이기 때문이었다.

작곡은 영수 형과 근태 형이 공동으로 작업했고, 가사는 무려 30명의 작사가에게 받아 놓았을 정도로 라인업이 대단했다. 그중 내 가사도 있었지만 사실 큰 기대는 하지 않았다. 내가 되길 바라는 마음이 없진 않았지만 당대 최고의 내로라하는 작사가들의 경합에서 신인이었던 내가 선택될 리 없다고 생각했다. 누구의 가사가 되든지 그 곡만큼은 내가 느꼈던 대로 기존의 댄스곡들과 다르게 비유가 다양한 가사로 입혀진다면 좋겠다고 바랐을 뿐. 꼭 내 것이 아니어도 좋다는 마음이었다.

그런데 이번에도 역시 운이 좋았던 건지 내 가사가 채택되면서, 신화가 그 해 대상을 받는 놀라운 성과를 안겨 주었다.(차마 내가 잘 써서 그랬다고는 말할 수 없지 않겠는가. 나도 겸손이라는 게 있는데. 하하)

그것을 계기로 영수 형과 나는 그야말로 '잘 나가는 콤비'가 되었다. 워낙 가까운 사이인데다 서로의 음악을 잘 이해하고 있었기 때문인지 곡의 퀄리티나 완성도가 매우 좋다고 정평이 나 있었다.

그러면서 영수 형과 나는 비로소 SG워너비의 앨범 작업 전반을 맡게 되었다. 아무리 우리가 콤비로 유명하다곤 하나, 앨범 작업의 총지휘는 다소 부담이기도 했다. 그러나 영수 형과 함께이기에 두려움은 없었다.

과연 작곡가 소영수는 뭐가 달라도 달랐다. 멜로디가 웅장하면서도 기저에 깔린 슬픈 감성을 끌어내는 데 아주 천부적인 소질을 타고난 것 같았다. 나같은 작사가가 가사를 심취해서 쓸 수 있게 만들어주는 너무나도 좋은 작곡가. 형의 곡을 한 번 들으면 그 느낌에 취해 수많은 영감을 떠올리며 가사를 써내려갔다.

특히 〈내 사람〉이란 곡은 이국적인 멜로디로 시작하면서 정적인 감성이 짙게 묻어나는 곡이라 시적인 비유를 살려 가사를 썼다. 생각보다 고전했던 작업이라 내심 만족스럽게 생각하고 있었는데 녹음 1시간 전, 영수 형이 뜻밖의 다른 의견을 냈다. 슬픈 노랫말을 직구로 던지기보다는 따뜻한 느낌으로 가는 게 어떻겠냐는 것이었다. 지금 가사를 바꾸게 되면 30분 안에 모두 마무리하고 바로 녹음에 들어가야 하는 상황. 형은 지금도 좋으니 그냥 가자고는 했지만, 나는 왠지 마음에 걸려 그러고 싶지 않았다. 일단 마음이 시키는 대로 빠르게 가사를 하나 더 쓰고 나서, 먼저 쓴 것과 30분 만에 쓴 것을 스태프들에게 보여 고르기로 했다.

'혹시나' 했던 것이 '역시나'였다. 복잡하게 생각하고 어렵게 쓴 가사와 마음이 이끌리는 대로 쓴 가사는 확연한 차이가 있었다. 이것이 바로 진정성. 머리로 생각하는 것이 아니라 가슴으로 우러나온 것이 곡의 진가를 발휘할 수 있음을 다시 한 번 깨달았다.

결국 그 노래로 영수 형은 작곡상을, 나는 작사상을 받았다. 성공의 정점을 찍는 순간이었다.

사람은 '계속'이 없나보다. 그 뒤로 나는 경솔함이 생겼는지 헤이하게 되었고, 작품에도 매진하지 못하고 겉돌게 되었다. 어쩌면 상이 아니라 독이었는지도 모른다. 데뷔 이후 10년을 쉬지 않고 달려왔던 탓이었을까. 점점 정신적으로 도태되고 있는 듯한 느낌이었다. 책도 보지 않기 시작했고, 건반 앞에 앉는 횟수도 손으로 꼽을 정도였다. 갈수록 가사는 무성의하게 나왔고, 그저 정해진 패턴대로 일하려고 하는 게으름이 생기고 있었다.

대중들은 단번에 알아봤다. 내 가사가 똑같다는 평이 난무했다. 내가 봐도 똑같은 분위기, 똑같은 가사들이 반복되는 것이 뻔히 보였다. 그러자 화살은 영수 형에게도 쏟아졌다. 가사가 진부하니 멜로디도 비슷해 보이기 마련이었다. 방법이 필요했지만, 도저히 찾을 수 없었다. 어디서부터 잘못된 것인지 그 시점도 알 수가 없었다. 이런 상황이 몇 년 동안 지속되었고, 독한 결심이 필요했다.

절필.

다들 미쳤다고 했다.

하지만 그게 영수 형도 살고, 나도 사는 길이었다.

대중들은
단번에
알아봤다.

내 가사가 똑같다는 평이 난무했다.

방법이
필요했지만,
도저히
찾을 수 없었다.

이런 상황이 몇 년 동안 지속되었고,
독한 결심이 필요했다.

PAPER 13

동이 틀 직전이 가장 어둡다

"넌 늘 똑같은 것 같아."

한결같다, 늘 같다는 말은 보통 좋은 의미로 쓰이지만 음악을 하는 사람에게는 이 말은 즉, "넌 끝났어."라는 뜻이다. 한마디로 만든 음악에 어떠한 감동도 심지어 이상함도 없다는 얘기다. 차라리 악평을 받느니만 못할 수도 있다. 가사는 특히 더. 매 곡마다 가사가 같다는 건 감동이나 메시지가 없는, 한낱 무의미한 수다에 불과한 것이다.

나에게도 이런 '사형 선고'와도 같은 혹평이 쏟아졌다. 대중의 평가는 물론이고 비평가들의 날카로운 지적들이 마치 불화살처럼 고통스럽게 내 가슴을 꽂았다. 그렇게 나는 절필을 결심했고, 흔히 말하는 '슬럼프'라는 것이 찾아온 것 같았다.

슬럼프……. 솔직히 내 인생에서 슬럼프는 없다고 생각한다. 절필을 선언하고, 나의 인지도가 추락하고, 음악적으로 위험한 순간이 있긴 했지만 굳이 슬럼프라고 이름 지으며 나 참 힘들었다고 말하고 싶지 않다. 그냥 그때는 단지 어려운 시기였고, 그 시기를 긍정적으로 받아들여 잘 극복했을 뿐 더 깊게 생각하고 싶지도, 큰 의미를 두고 싶지도 않다. 앞으로 더 힘든 일이 닥칠지도 모르겠지만, 그래도 나는 또 그렇게 받아들이고 잘 이겨내리라 하며 천천히 걸어갈 것이다. 담담히, 묵묵히.

어쨌든 절필을 선언하자, 여기저기서 마치 내가 나락으로 떨어져 버린 듯 여기면서 별별 소리들을 다 했었다. 미쳤냐, 굶어 죽을래, 음악계에서 매장되고 싶은 거냐 등등. 어느 정도 음악계에서 얼굴을 비춰가며 관계를 유지하는 것도 업계 요령 중 하나인데 갑자기 일을 중단하는 것은 무모한 짓이었다. 그렇지만 좋은 작품도 없이 이름만 유지하는 것보다야 백번 나은 결정이라고 생각했다. 어차피 그동안의 작품들로 굶을 걱정은 없으니. 발라드가 댄스곡보다 저작권료가 꾸준한 편이라 아무래도 믿는 구석이 있어서 내린 결단이었을지도 모른다. 누가 보면 배부른 소리라고 할 것이다. 그래, 배부른 소리다. 그러나 이 배부름이 나태함이라는 독으로 바뀌는 것이 바로 나 같은 음악쟁이들이다.

나는 휴식에 목말라 있었고, 발돋움을 할 무언가를 찾아야 할 필요성이 있었다. 데뷔 후 10년을 하루의 쉼도 없이 달렸으니, 정신이든 몸이든 다 마모가 되어 버린 것도 당연한 일. 언제까지가 됐든 내 자신을 돌보기로 했다.

우선 주변 사람들부터 만나고 다녔다. 특히 교회 동생들을 만나 이런저런 이야기를 나누면서 마음의 안정을 찾기 시작했다. 동생들에게 밥을 사주면서 얼마나 기분이 좋던지. 정말 '너무' 좋았다. 내가 누군가와 시간을 내서 나누고 베풀 수 있다는 것이 진심으로 감사했다. 나에게는 그런 여유가 필요했을지 모른다. 이런 여유를 잊고 살면서 무의식적으로 내 자신을 내몰았을지도. 그렇게 가족들과 친구들과 소소한 시간들을 보내고, 봉사 활동을 다니니 자연스럽게 무언가가 충전이 된다는 느낌이 들었다. 그리고 내 삶에 대한 시야도 넓어지면서 가까운 미래에 대한 확신이 생기기 시작했다. 그것이 바로 '작곡'이었다.

사실 내 음악의 시작은 작곡이었다. 가요제에도 자작곡을 불러 입상을 했었으니까. 우연히 한 번 쓴 가사를 주변에 음악하는 형들이 좋아해주면서 자연스럽게 작사 섭외가 들어오다보니 작사가로 불리게 된 것이지, 나름대로는 틈틈이 작곡을 해오긴 했었다. 하지만 전문적으로 배운 것이 아니라 부족하다는 생각에 그냥 담아두고만 있었다. 우연히 내가 작곡한 곡을 한 제작자가 듣고서는 놀랍게도 좋은 평가를 해주었고, 그때부터 조금씩 곡 섭외가 들어오기 시작했다.

작곡으로 전향한 뒤 초반에는 생각보다 쉽게 풀리지는 않았다. 제작자들과의 탄탄한 신뢰 관계 덕에 작곡 의뢰는 꾸준히 있었고, 또 대형 드라마 O.S.T로 사용됐던 곡도 있었지만 어두운 분위기보다 밝은 분위기가 반응이 좋아 곡의 방향이 편중되고 있었다. 이 또한 위험한 일. 작사도 그러다 패턴화가 되어버린 것이 아닌가. 이러다가는 작사가 시절을 답습하는 것밖에 되지 않았다.

그때 스승님 김형석 씨의 조언이 떠올랐다. 늘 습작을 모아두라는 말씀. 시간이 지나서 다시 들으면 재탄생되는 곡들이 제법 많은데, 그 진가를 잠시 잊었나보다. 의뢰를 받아 그 입맛에 맞게 뽑아내는 곡보다도, 습작들을 꺼내보며 하고 싶었던 방향대로 나만의 곡들을 만들어 가며 그렇게 1년이 지난 지금에 이르렀다.

동이 틀 직전이 가장 어둡다고 하지 않는가. 나에게 칠흑같이 어둡던 시간은 오히려 인생의 터닝포인트가 되었다. 그래서 나는 이때를 슬럼프라고 이름 짓지 않고 싶은 것이다.

지금의 넥스타nextar엔터테인먼트는 영수 형과 나, 그리고 남규석 대표가 힘을 합쳐 만들었다.

처음에 영수 형과 남규석 대표가 일을 도모하고 내가 합류하면서 작곡가들을 하나 둘씩 영입하기 시작했다.

남규석 대표는 영수 형의 학교 선배로 둘은 오래 전부터 친한 사이였다. 남규식 대표는 첫인상이 아저씨처럼 푸근했고 세심해 보이는 인상과 다르게 무척 대범한 사람이었다. 어느 날 영수 형과 남규석 대표가 나에게 일을 함께 해보지 않겠느냐고 제안했고, 나는 두 사람이라면 좋은 회사를 만들 수 있을 것이라 생각했기에 바로 승낙했다. 사실 남규석 대표는 연예계 쪽은 전혀 모르는 사람이었다. 대기업을 다니다 그만두고 회사를 차린 것이었기 때문에 엔터테인먼트를 경영한다는 건 거의 '모험'에 가까웠다. 당시에는 무척이나 걱정됐지만, 비지니스 경력을 바탕으로 신선한 이력을 보이며 오히려 연예 기획사계의 새바람을 불러일으킨다는 평을 듣고 있다.

자, 이쯤부터 넥스타의 식구들을 소개해볼까 한다. 한솥밥 먹으며 함께 울고 웃는 고마운 사람들.

우리 회사 작곡가 중 맏형인 서재하 작곡가는 2003년부터 박근태 형과 함께 일을 하고 있었다. 이름을 익히 들어 알고 있었지만 영수 형과 함게 박근태 형의 사단에 합류하면서 만났다. 서재하 작곡가는 낯설었던 우리를 늘 따뜻하게 대해주었고 그때부터 가까워졌다. 그는 드라마 〈최고의 사랑〉 O.S.T로 대박을 냈던 써니힐의 〈두근두근〉을 쓴 유명 작곡가이기도 하다. 서재하 작곡가는 음악 지식이 해박하기에 노래를 발표하기 전에 표절 여부를 감정해주는 등 출중한 능력을 가지고 있다. 지금은 두 아이의 아빠가 되어서 가장으로서 책임이 막중한터라 더 열심히 사는 것 같다. 결혼 전에 두 분은 같은 학원에서 강사를 했는데 형수님 별명이 '태연'이었다고 한다. 그만큼 외모

서재하 작곡가는 음악 지식이 해박하기에
노래를 발표하기 전에 표절 여부를 감정해주는 등
출중한 능력을 가지고 있다.

와 실력을 겸비한 인재라고나 할까?(형수님이 연세대 출신 작곡가라서 우리는 절대 음악 얘기를 형수님 앞에서 안 한다! 하하) 그는 내가 어리광을 부르거나 장난을 쳐도 허허 웃어 넘기는 좋은 인품을 지녔다. 그러나 너무 착한 것도 탈이라고 비즈니스 자체를 하려고 하지 않기 때문에 아쉽기도 하다. 그러나 굳이 그런 액션이 없어도 실력을 다 알아주니 다행이기도 하지만. 어쨌든 앞으로 더욱 최고를 향해 나아갈 그의 모습을 그려본다.

김태현 작곡가는 유승준의 〈와우〉로 화려하게 데뷔해 아이비의 〈유혹의 소나타〉, 애프터스쿨의 〈뱅〉 등을 작곡하며 댄스 음악계의 마이더스의 손으로 인정받고 있다. 그는 2001년 우리 회사에 혜성처럼 등장한 신인이었다. 처음에 그가 김형석 씨 회사에 데모를 보내왔을 때 기절초풍할 정도의 '리듬'과 '시퀀싱'을 듣고 모두 놀라워했다. 그때부터 친하게 지내며 지금까지도 같이 좋은 음악적 동료이자 친구로 지내고 있다.

작곡가 김태현의 음악은 날카롭고 정확하다. 또한 그는 작업할 때 집중력도 대단하다. 리듬에서만큼은 감히 우리 나라 최고라고 얘기할 수 있을 정도. 그만큼 실력을 갖추고 있는 작곡가다.

또한 사람의 이야기를 진지하고도 차분하게 잘 들어주기 때문에 고민도 많이 털어놓는 편이다. 매사에 냉정하고 논리적으로 생각하는 친구라 종종 조언을 구하거나 상담을 받곤 한다.

작업을 같이 하면 아이디어가 뛰어나 내가 생각지 못했던 부분까지 채워준다. 나는 멜로디를, 김태현 작곡가는 트랙을 담당하는데 호흡이 잘 맞아 작업이 늘 재미있다.

케이윌의 〈Love 119〉 디셈버의 〈별이 될게〉 등 다수의 히트곡을 발표한 오성훈 작곡가. 그가 처음 우리에게 찾아왔을 때 그 열정에 반할 수밖에 없었다. CD에 무려 20곡도 넘게 담아와서 들려주었기 때문이다. 결국 그 끈기와 노력에 탄복하여 팀에 합류시킨 특이한 케이스다.

원래 피플크루라는 그룹에서 춤을 담당했지만 부상으로 춤을 못 추게 되자 뒤늦게 작곡을 시작한 늦깎이다. 하지만 1년 동안 집에서 나오지 않고 피아노 치는 것과 곡 쓰는 연습을 피나게 했다고 하니 그 근성에 놀라지 않을 수가 없었다.

둘이서 클럽이라도 가면 그의 화려한 댄스에 늘 기가 죽기 마련이지만. 하하. 유머코드도 잘 맞아 대화를 많이 나누는 동네친구 같이 편

'노력' 하면 오성훈이라고 얘기할 수 있을 정도로 열심히 하는 친구다.
그런 노력이 있었기에 다수의 히트곡을 탄생시키고
이름을 날리는 것이 아닐까?

한 사이가 됐다.

오성훈 작곡가는 곡 작업을 할 때 자신의 노래를 수백 번 듣는다고 한다. 우리 사무실에서 '노력'하면 오성훈이라고 얘기할 수 있을 정도로 열심히 하는 친구다. 그런 노력이 있었기에 다수의 히트곡을 탄생시키고 이름을 날리는 것이 아닐까? 대중들이 뭘 원하는지 읽고 대중들의 귀를 즐겁게 해주려면 '노력'이 필수적인데 이를 위해 시간을 가장 많이 투자하는 사람이 바로 오성훈 작곡가다.

마지막으로 합류한 막내 작곡가 이유진은 버클리 음대 출신이다. 가수 이루가 소개해주어 만나게 되었다. 놀라울 정도의 피아노 실력과 팝 느낌이 물씬 풍기는 편곡으로 못하는 게 없는 '만능 작곡가'다.

최근 나와 아이돌 음악을 하는 팀을 만들고 있는데 그가 트랙을 만들면 내가 멜로디와 가사, 그리고 랩을 메이킹 하는 식으로 이루어진다. 수십 곡을 만들어냈고 앞으로 많은 가수들에게 줄 예정이다.

그는 성격도 참 착한데다가 신중하며 항상 예의바른 태도로 사람을 대하기 때문에 정말 끝까지 함께 가고 싶다. 신인이지만 벌써 타이틀곡을 세 곡이나 썼을 만큼 앞으로의 발전이 더욱 기대된다.

이런 작곡가 동료들을 식구로 맞이하면서 회사를 시작한 가장 큰 이유는 직접 가수를 키워보고 싶은 꿈 때문이었다. 하고 싶은 음악도 실컷 하면서 가수까지 양성해 재미있게 일하고 싶었다.

그 첫 번째 스타트로 숙희라는 가수를 만들었다. '여자를 울리는 여자'로 콘셉트를 잡았고 슬픈 음악 위주로 곡을 만들기로 했다. 숙희는 음정이 정확하고, 안정적인 가창력에 슬픈 감성이 묻어나는 좋은 보컬이라 실력을 인정 받으며 첫출발은 나쁘지 않았다.

환희와의 듀엣으로 '희남매'를 결성한 듯이 보여 뮤지션으로서의 면모를 확실히 보였고 차트에서도 당당히 1위를 거머쥐는 성과를 보여주었기 때문에 앞으로 많은 활동이 기대되는 우리 기획사의 1호 가수이다.

친구는 '숙희'란 이름 때문에 많이 울기도 했다. 트로트 가수 이름 같다는 주변 얘기 때문이었는지, 이름이 촌스럽게 느껴졌는지는 모르겠지만 그래도 우리는 끝까지 설득했다. 한 달에도 몇 번씩 나왔다가 사라지는 수많은 가수 중에서 돋보이는 이름을 가져야 하기 때문이었다. 지금은 발라드뿐만 아니라 댄스로도 종횡무진 바쁘게 활동하며 쉬운 이름 덕에 활동하기 편하다고 넉살 좋게 웃을 정도로 만족해 해서 얼마나 예쁜지 모른다.

두 번째 가수는 엠넷M-net 오디션 프로그램 〈슈퍼스타 K〉 출신의 김그림. 프로그램 제작진의 편집으로 인해 대중들에게 안 좋은 이미지로 각인되어 있어서 처음에는 걱정이 되었다. 굳어진 그 이미지를 얼마나 바꿀 수 있을까 하는 것이 관건.

실제로 만나보고, 〈슈퍼스타 K〉 출신 친구들의 이야기를 들어보면 편중된 편집이 그림이의 이미지를 나쁘게 만들었다고 해도 과언이 아니었다. 너무나 착하고 자신의 의견은 거의 내세우지도 않는 여린 친구인데 말이다. 또 얼마나 지독하게 연습하는지 모른다.

그림이의 경우 실력으로 승부를 볼 수밖에 없었다. 〈너밖엔 없더라〉라는 곡으로 데뷔하면서 각 가요 차트마다 5위권 안에 드는 놀라운 성적을 거두었다. 앞으로 얼마나 더 성장할 수 있을지 무척 기대되는 가수다.

세 번째 가수도 김그림과 마찬가지로 〈슈퍼스타 K〉 출신의 이보람이다. 영수 형의 시그니처 앨범 〈올스디〉를 통해서 프리스타일의 미노 씨와 듀엣으로 〈두 바보〉란 곡을 선보이면서 이 노래에서 많은 가능성을 드러냈다. 발라드에서의 목소리는 미성과 슬픔이 공존할 수 있다는 걸 보여주었고 댄스곡을 부를 때는 정확한 리듬감으로 고음에서도 불안하지 않은 보컬임이 증명되었다.

보람이는 사무실에서 '이성실'로 유명하다. 가장 성실히 연습을 한다고 해서 붙여진 별명이다. 늘 밝게 웃으며 연습을 하는데 그런 면에서 백점을 줘도 아깝지 않다.

“실제로 만나보고, 〈슈퍼스타 K〉 출신 친구들의 이야기를 들어보면 편중된 편집이 그림이의 이미지를 나쁘게 만들었다고 해도 과언이 아니었다. 너무나 착하고 자신의 의견은 거의 내세우지도 않는 여린 친구인데 말이다.”

히트곡 속의 숨은 작사, 작곡 스토리

"음악은 일상의 먼지를 영혼으로부터 씻어낸다."

- *Red Auerbach*

PAPER 01

'비유'와 '은유'가 가져다 준 기적

·

·

·

신화는 앞서 잠깐 이야기가 나왔지만 비하인드 스토리를 더 꺼내 볼까 한다. 처음에 박근태, 조영수가 공동으로 작곡한 〈Brand new〉가 나왔을 때 사운드가 파워풀해서 분명 대박날 거란 생각이 들었다. 최고의 작사가들과 경쟁이 붙었던 상황에서 신인이었던 나의 전략은 눈에 띄는 단어들을 많이 쓰는 것이었다. 평범하면 지는 것이라고 생각했기 때문에 비유와 은유를 많이 썼다. 댄스곡이라고 쓰지 말란 법은 없으니까……. 운이 좋게도 댄스곡에 비유와 은유를 썼던 사람이 없었고 기적처럼 내 가사가 채택되었다.

'네 가슴에 향수처럼 늘 뿌려놓게 해줘. 네가 나를 맡을 수 있게'
'네 손목에 시계처럼 늘 찰 수 있게 해줘. 시간마다 날 볼 수 있게'

회사 사람들과 신화 멤버들, 그리고 작곡가 형들이 이 특이한 가사에 확 꽂혔고, 선택이 되었다는 연락을 받았을 때 집에 가서 만세를 몇 번 불렀는지 모른다.

신화와의 녹음은 무척 재미있었다. 아이돌 중 최고의 천방지축 그룹이라는 업계의 소문답게 유쾌하고 활발한 친구들이었다. 나와 비슷한 또래도 많았지만, 그들은 이미 톱스타였고 나는 당시 조금 알려진 작사가였을 뿐이라 살짝 거리감을 갖기도 했었다.

그런 나에게 김동완이란 친구가 먼저 말을 걸어주었다. 그는 상냥하고 친절한 성격인데다 음악에 욕심이 많아 이야기가 잘 통했다. 그때부터 친분을 쌓아 지금은 친한 친구가 되었고 그 후 전진, 신혜성, 이민우와 함께 친하게 되었다. (후에 김동완과 전진, 신혜성의 앨범에는 프로듀서로 참여하게 되었다.)

생각해보니 신혜성의 앨범에는 모두 내가 참여한 것 같다.

내가 써준 곡은 〈거울〉이란 구성이 독특한 곡이었다. 우리나라에서는 거의 사용되지 않는 구성이었다. 보통은 a-b-c1(후렴)-b-c2(후렴)-d bridge-c3(후렴)의 구성으로 되어 있는데(참! 여기서 후렴구를 sabi라고 말하는데 일본식 발음이기 때문에 c 아니면 후렴이라는 표현을 쓰는 것이 좋다.) 〈거울〉의 구성은 보통 가요의 방식과 다르게 a-b-c(후렴)-c2(후렴)-d bridge-c3(후렴)-a로 끝난다. 1절 후렴은 리듬 없이 부드럽게 불렀다가 후에 후렴이 또 나올때 비로소 리듬이 터지는 방식으로 만들었다.

실험적인 음악이었음에도 대중의 사랑을 받아서 참 감사했던 곡이다. 신혜성이 그 곡을 무척 좋아했다. 훗날 강타와 함께 얘기할 기회가 있었는데, 신혜성의 앨범 중에 〈거울〉이라는 곡을 제일 좋아했다 해서 기분이 좋았던 기억이 난다.

김동완의 앨범에도 전부 참여했다. 제일 기억에 남았던 곡은 김동완이 군대에 가기 전에 윤하와 함께 부른 듀엣곡 〈약속〉. 나는 작사가로서 유명했지만 작곡가의 이미지를 따로 갖고 싶어서 예명을 '코난'이라고 지어 활동한 때였다. 비록 아주 짧은 기간이었지만 말이다.(안타깝게도 영어로 'Konan'이라는 사람이 이미 있었다.) 그래서 〈약속〉이 내 곡인지 모르는 사람들도 많겠지만, 어쨌든 참 아끼는 곡 중 하나다.

노래가 발표되자마자 김동완이 군대를 갔기 때문에 홍보를 제대로 못해서 아쉽기도 했지만 나름대로 꾸준한 사랑을 받았다. 김동완과 윤하의 목소리가 돋보일 수 있도록 최소한의 사운드만으로 담백하게 편곡을 했다. 이 노래는 별다른 꾸밈없이 가사와 목소리만으로도 충분하다고 생각했기 때문이다.

김동완과 윤하에게 중점적으로 주문했던 것은 '이야기하듯이 노래하라'였다. 까다롭고 어려운 요청임에도 워낙 베테랑 가수들이라 쉽게 이해해줘 녹음이 금방 끝났다.

김동완은 남자다우면서 감정 표현에 능숙한 보컬이었다. 비록 팀에서 메인 보컬은 아니었지만 노력과 열정으로 노래 실력이 아주 출중해진 케이스갈까. 아무튼 김동완은 여전히 이 노래를 사랑해준다. 하하.

전진은 내가 앨범 프로듀싱을 전담하며 느낀건데 술을 좋아하고 사람을 좋아하는 마초 스타일이었다. 나와 성격도 잘 맞아 '형', '동생' 하며 잦은 만남을 가졌다. 평소에 장난을 많이 치는 사이라 이런 말하기 부끄럽지만 그에게 참 인간적으로 고맙다.(후에 그를 통해 〈무한도전 – 올림픽대로 듀엣가요제〉에도 인연을 맺게 되었으니.)

PAPER 02

히트곡을 향한 무한 도전!

“미쳐! ha! ha! 나는 그대의 세뇨리따”

콧수염을 붙인 전진이 느끼한 표정으로 바라보자 이정현이 도도한 고양이처럼 살금살금 다가간다. 사람들은 이정현의 현란한 몸짓을 바라보다가 “세뇨리이~따”를 듣고 한 번에 매료된다.

그야말로 온 국민의 축제였던 〈무한도전 - 올림픽대로 듀엣가요제〉! 신화 멤버 중 전진과 친분이 있어서 예능에 출연하게 되었는데 이색적인 경험이었다. 우리나라 최고 예능 프로그램인 〈무한도전〉이 아닌가! 실력파 뮤지션, 인기 작곡가들이 함께 만드는 초특급 프로젝

트에 참여할 수 있게 되어 그야말로 영광이었다. 무대 위에서 무한도전 멤버들과 가수들이 시원한 여름 노래 퍼레이드를 펼칠 무렵, 무대 밖에서는 윤도현 밴드, 타이거 JK, E-tribe, 윤종신 등과 치열한 경합이 벌어졌다. 그야말로 별들의 전쟁! 출전 곡들은 출시되자마자 온라인 음원 사이트를 석권하는 등 반응이 뜨거웠다.

나는 전진, 이정현과 의기를 투합했다. 처음에는 이정현의 이미지와 잘 맞을 장르인 탱고를 하려고 했다. 그러나 이정현은 비와 이효리가 먼저 탱고 듀엣을 했었다면서 퇴짜를 놓았고, 결국 '보여주기 위한' 음악을 하기로 했다. 순간 '여름'의 뜨거움과 어울리는 정열적인 라틴 음악이 떠올랐다. 라틴은 음원 수익을 생각하면 불리한 점이 많았으나 대신 임팩트 있는 무대가 기대되었다.

과연 무대는 제작자로서 만족스러울 정도로 부족함이 없었다. 전진의 중저음의 섹시한 보이스와 강렬한 이정현의 느낌이 합쳐져 내가 원했던 라틴의 성일을 잘 표현해냈다. 에너지 넘치는 무대로 도입부터 끝까지 도저히 눈을 못 떼게 했으며 섹시함과 정열이 철철 흘러넘치게 만들었다. 중간마다 나오는 전진의 라틴어 랩은 노래의 감초

같은 역할을 해주었다. 똑똑히 기억하건대 김태호 PD는 우리 무대에만 기립박수를 쳐주었다. 덕분에 나는 작곡가로서의 이미지를 굳히는 데도 큰 도움이 되었다.

〈무한도전〉하면 하하와의 에피소드도 기억에 남는다. 하하와는 〈너는 내 운명〉이라는 깜찍한 곡을 같이 작업하면서 친해지게 되었다.(당시 하하는 입대 전으로 힙합 가수에서 예능인으로 변신해 최고의 주가를 올리고 있던 시기였다.)

평소 친분이 있던 하하 소속사 대표에게 그의 이미지를 최대한 살린 쉽고 재미있는 곡을 써주기를 부탁받게 되었다. 그래서 나는 그의 '익살스러운 꼬마' 이미지를 살려 대한민국 보통 남자의 알콩달콩한 사랑 이야기를 완성하였다. 경쾌하고 밝은 멜로디에 따뜻하고 정감 넘치는 가사를 써내려갔고 오케스트라 중심의 현악 편곡으로 너무 가볍게 느껴지지 않도록 만들었다. 곡의 후렴에는 당시 여자친구였던 분의 직업을 고려해 '날씨처럼 쌀쌀해'라는 가사를 썼던 기억이 난다.

하하는 음의 폭이 넓지 않지만 곡을 100% 자기 느낌으로 소화할 줄 아는 가수였다. 무려 1시간 만에 녹음이 끝났는데 특유의 보컬 느낌으로 곡을 노련하게 잘 이끌어갔다. 행복 바이러스가 가득한 이 노래는 〈무한도전〉 하하의 게릴라 콘서트에서 울려 퍼지며 전 국민의 사랑을 받았다. 누구나 듣자마자 흥얼거릴 수 있게 만든 쉬운 곡이기 때문에 더욱 사랑을 받지 않았나 싶다.

여담이지만 〈무한도전- 올림픽대로 듀엣가요제〉가 끝난 뒤에도 이정현과 연이 닿아 7집 타이틀곡을 맡게 되었다. 이정현은 90년 대 후반에 혜성같이 등장해서 〈와〉라는 메가 히트곡을 남기며 새끼손가락 마이크 댄스를 유행시킨 장본인이 아닌가! 무서우리만큼 인상 깊었던 〈와〉의 강렬한 테크노 리듬과, 파격적이고 독창적인 무대 연출을 아직도 잊을 수 없다. 그래서 〈와〉의 전주 느낌을 그대로 가져와서 곡을 쓰면 어떨까 하는 생각이 들었다. 그런데 웬걸! 처음에 준 곡을 이정현이 마음에 들지 않아 해서 다시 현대적으로 바꾸게 되었다. 내 판단이 틀렸던 건지 결과적으로 잘되지 않아서 이정형에게 지금도 미안한 마음이 있다. 이렇듯 후배들은 작곡가의 판단에 따라 가수의 운명이 결정되기도 한다는 사실을 명심하고, 막중한 책임감을 가지고 곡을 쓸 필요가 있다.

"나는 그의 '익살스러운 꼬마' 이미지를 살려
대한민국 보통 남자의 알콩달콩한 사랑 이야기를 완성하였다.
경쾌하고 밝은 멜로디에 따뜻하고 정감 넘치는 가사를 써내려갔고
오케스트라 중심의 현악 편곡으로 너무 가볍게 느껴지지 않도록 만들었다."

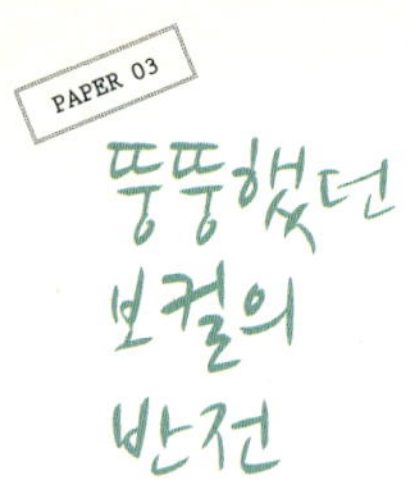

내 인생의 좋은 기회를 많이 가져다주었던 SG워너비 동생들 이야기를 더 풀어보려고 한다.

어느 날 나에게 3인조 보컬 그룹과 작업할 기회가 찾아왔고, 드디어 녹음을 하게 되었다. 멤버 중 두 명은 깔끔하게 잘 생겼는데 나머지 한 명을 보는 순간!

아뿔싸!

뚱뚱해 보이는 고등학생 한 명이 들어왔다. '아! 친구들 녹음하는데 구경하러 온 거구나!'라고 생각했다. 저 친구는 분명히 가수는 아닐 거라고 그렇게 믿고 싶었다. 아니! 아니어야 한다고 생각했다.(하하. 가수를 하기엔 정말 너무 뚱뚱했으니!) 그런데 갑자기 목을 푸는 것이 아닌가?

'아……. 이런!'

하지만 그 친구가 노래를 하러 녹음실 안으로 들어가자 곧 생각이 바뀌었다. 저런 목소리에 저 정도의 노래 실력이면 해볼 만하다고……. 그 친구가 김진호였다. 이어서 제작자가 들어왔는데, 그 사람이 바로 조성모를 키웠던 김광수라는 제작자였다.(우리나라 가요계의 한 획을 그은 제작자라고 소문이 자자했던!)

우리는 보름 안에 다섯 곡을 녹음해야 했다. 그것이 얼마나 무모한 일인지는 음악계 사람들이라면 다 알 수 있다. 매일 밤을 새워가며 가사와 곡을 쓰고 편곡을 했다. SG워너비 첫 앨범에 총 세 곡을 썼는데 제일 많이 참여를 한 것이었다.

어느 날 김광수 제작자가 그룹의 이름을 지었다며 녹음실 안으로 뛰어 들어왔는데, 이름을 듣는 순간 그 자리에 있던 모두가 난감했다. 그룹의 이름이 너무 어려웠기 때문이었다. SG워너비! 귀에 쏙 들어오지가 않았다.

김광수 제작자는 사이먼앤가펑클Simon And Garfunkel을 좋아했는데 그걸 따서 SG워너비라고 지은 것이었다. 한 마디로 '사이먼앤가펑클이 되고 싶다'라는 의미의 그룹명이었다. 지금은 안타깝게 고인이 된 채동하와 나는 당시 그 이름을 불평했었다.(물론 지금은 그 이름으로 안 했으면 어쩔 뻔 했나 싶지만!)

〈내 사람〉이라는 곡은 앞서 언급한 적이 있지만 비하인드 스토리가 특별해서 다시 이야기해보려 한다.

이 노래를 처음 멜로디만 들었을 때 '웅장함'과 '애잔함'을 느꼈다. 워낙 이 앨범에 거는 기대가 컸기 때문일까? 내 부담감도 그만큼 무거웠다. 일주일 동안 잠도 제대로 못 자며 생각했지만 고민할수록 머리는 더욱 하얘지고 아무런 생각도 나질 않았다. 결국 억지로 짜내다시피 해서 어렵고 시적인 가사가 완성되었다.

슬프고 아련한 느낌으로만 가사를 써내려갔다. 분명히 '멋'은 있었다. '내 가사를 보면 다들 멋지다고 생각하겠지?'라는 생각이 나를 지배했을 정도니까……. 녹음 하는 날 가사를 들고 영수 형에게 보여주었다.

“어느 날 나에게 3인조 보컬 그룹과 작업할 기회가 찾아왔고,
드디어 녹음을 하게 되었다.
멤버 중 두 명은 깔끔하게 잘 생겼는데 나머지 한 명을 보는 순간!

아뿔싸!”

그리워

작사 | 안영민
작곡 | 조영수

이렇듯 꽃이 지고 있죠 그대 사랑도 그랬나봐요

바람이 불면 떨어질 것 같던 사람 그대여

위태로운 마음의 항해 어디로 가는지 모르죠

바람 부는 대로 가면 그리웠던 그대 있을까

밤하늘 별을 헤는 밤이면 그대 얼굴이 떠올라

내일 아침이면 사라질까봐 눈에 별을 담네요

그댈 그리워합니다 눈물로 또 불러봅니다

쓸쓸히 지는 낙엽들도 따라서 사라지네

나는 그대가 없으면 전부를 잃은 것과 같아요

그리워 그리워 불러보아도 대답하지 않네요

불꽃은 점점 사라지고 밤이 가고 낮이 오듯이

그대도 다른 사랑 하신다면은 행복하세요

비 오는 거리는 외로운데 빗소리는 참 따뜻해

그댄 내리는 비를 좋아했죠 나와 닮았다고요

그댈 그리워합니다 눈물로 또 불러봅니다

쓸쓸히 지는 낙엽들도 따라서 사라지네
나는 그대가 없으면 전부를 잃은 것과 같아요
그리워 그리워 불러보아도 대답하지 않네요
이별에 갇혀 세상에 나올 자신이 없을 때
돌아와줘요 사랑했던 나의 곁으로
너무 보고 싶은 사람 내가 가장 사랑한 사람
바람이 불면 생각나는 한 사람 그런 사람
나는 그대가 없으면 전부를 잃은 것과 같아요
그리워 그리워 불러보아도 대답하지 않네요
나나 나나나 나나나 나나 나나나나 나나나

영수 형도 가사가 슬프고 시적이라며 좋다고 했다. 의미심장한 한마디를 날리며…….

"따뜻한 가사도 어울리겠다. 아니다. 그냥 이걸로 가자"

그런데 왠지 그 말이 머릿속에 잊히지가 않았다. 녹음 30분을 앞두고 도저히 안 바꾸고는 못 견딜 것 같아서 순간 떠오르는 대로 가사를 써내려갔다.

내 사람

작사 | 안영민
작곡 | 조영수

내 가슴속에 사는 사람 내가 그토록 아끼는 사람
너무 소중해 마음껏 안아보지도 못했던
누구에게나 흔한 행복 한 번도 준 적이 없어서
맘 놓고 웃어본 적도 없는 그댈 사랑합니다
내가 기쁠 때나 슬플 때나 함께 울고 웃어주던
그댈 위해 내가 할 수 있는 건 뭐든 해주고 싶어
안녕 내 사랑 그대여 이젠 내가 지켜줄게요
못난 날 믿고 참고 기다려줘서 고마워요
안녕 내 사랑 그대여 영원토록 사랑할게요
다시 태어나서 사랑한대도 그대이고 싶어요
어두운 밤길을 잃어도 서로 등불이 되어주고
비바람 몰아쳐도 지금 잡은 두 손 놓지 말아요
내가 힘들 때나 아플 때나 내 곁에 있어준 그대
미안하단 말로 고맙단 말을 대신 하던 나였죠
안녕 내 사랑 그대여 이젠 내가 지켜줄게요

못난 날 믿고 참고 기다려줘서 고마워요
안녕 내 사랑 그대여 영원토록 사랑할게요
다시 태어나서 사랑한대도 그대이고 싶어요
넘어지고 몇 번을 다시 넘어진다 해도
그대만 있다면 다시 일어날 수 있는데
안녕 내 사랑 그대여 이젠 내가 지켜줄게요
못난 날 믿고 참고 기다려줘서 고마워요
안녕 내 사랑 그대여 이렇게 그댈 부를 때면
너무 행복해서 눈물이 나죠 사랑해요
나나 나나나 나나나 나나 나나나나 나나나

그렇게 녹음실에 도착하자마자 일주일 동안 고심해서 쓴 가사와 30분 만에 쓴 가사 두 가지 버전을 보여주었다. 직원들 모두 30분 만에 쓴 가사를 선택했다. 멋 부리지 않고 가식 없이, 있는 그대로를 쓴 가사라 그런지 모두들 평이 좋았다.

두 가사를 비교해보면 알 수 있듯이 성격 자체가 다른 가사이다. 수정 전 가사는 이별한 사람의 마음을 대변하고 있고 두 번째 가사는 사랑하고 있는 상대에게 마음을 표현하고 있다. 또한 표현법도 수정 전 가사는 시적인 느낌이 들고 수정 후 가사는 쉬워서 귀에 쏙 들어온다. 수정 전 가사의 장점은 은유와 비유를 많이 써서 멋드러진다는 것이고 수정 후 가사의 장점은 누구나 공감할 수 있고 쉽다는 것이다. 나에겐 두 가사 모두 내 자식들 같아서 무엇이 더 좋다고는 얘기할 수 없지만 가사를 수정한 덕분에 그 한 해 동안 있었던 모든 시상식에서 작사상을 받게 되었다.

SG워너비의 첫 앨범 중 〈느림보〉라는 곡도 있는데 바이브의 류재현이 만든 노래다. 재현이는 나와 79년생 동갑내기 친구이자 음악 동료이기도 하다.

어느 날 갑자기 재현이에게 전화가 와서는 자신의 노래에 가사를 붙여달라고 한 것이 계기였다. 재현이가 이미 써놓은 노래를 함께 공동작업하는 일. 사실 공동 작업은 참 힘이 든다. 어느 정도 내용이 있는 가사에 맞추어 써야 하기 때문에 문장이나 느낌이 많이 다를 수 있다. 아무리 친하다지만 일은 같이 처음 하는 거라 나름 긴장이 되었다. 그러나 걱정이 무색하게도 다행히 서로의 글이 마음에 들었다.

이 노래의 내용은 한 남자가 사랑법이 너무 느려서 사랑하는 여자가 아이를 낳을 때까지도 지켜만 볼 수 밖에 없는 안타까운 마음을 그린 곡이다.

이런 에피소드 외에도 SG워너비의 〈아리랑〉에 대한 비화도 있다. 4집이라 부담이 되어서 노래에 퀄리티를 높일 수밖에 없었다. 현대판 〈아리랑〉을 위해 영수 형과 직접 국악고의 유명한 선생님을 뵈러 가서 설득한 끝에 훌륭한 국악인들을 모실 수가 있었다. 편곡에서 제일 중요했던 국악기 소리를 따기까지 어려운 순간도 많았지만 멋지게 들어간 완성곡을 보니 뿌듯했다. 그때 국악의 위대함을 귀가 아닌 마음으로 느꼈다.

〈아리랑〉과 같이 유명한 민요를 모티브로 한 가사를 쓸 때는 최대한 원곡에 해를 끼치지 않으면서 인용하는 것이 중요하다. 특히 〈아리랑〉 민요에서 제일 핵심적인 구절!

'나를 버리고 가시는 님은 십 리도 못 가 발병 난다'

이 부분을 인용하기로 했다. 이 노래를 계기를 현재 중학교 교과서에도 내 이름이 실렸으니 나에게 작사가로서의 명성도 안겨준 셈이다.

PAPER 04

깔끔하고 귀여운 마성의 사나이

다시 SG워너비의 첫인상 이야기로 돌아가서 세 멤버 중 한 친구는 첫인상이 무척 깔끔하고 귀여웠다. 나중에 알고 보니 그가 김용준이었다. 분명 노래를 잘 했는데 김진호와 채동하 두 사람의 목소리가 워낙 슬픈 감성이어서 약간 묻혀가는 감이 있었다. 아무튼 용준이의 '미성'은 느낌이 두 멤버와 아주 달랐다. 그 때문인지 용준이는 파트를 많이 맡을 수 없었다. 노래 실력과는 무관한 파트 선정이었다. 나 같으 많이 속상하고 힘들었을 것 같은데 용준이는 늘 밝고 웃음이 많았다. 성격이 서글서글해 나중에 지인들에게 제일 칭찬을 많이 받았던 친구기도 하다.

이 친구와는 〈커플〉이라는 곡을 함께 하게 되었는데 나에게 처음 1등을 안겨준 고마운 곡이다. MBC의 〈우리 결혼했어요〉란 프로그램에서 정음이와 커플로 출연했을 때 용준이의 부탁으로 만든 이벤트 곡이다.

사실은 정음이 몰래 하기로 한 것이었는데 정음이는 용준이가 3일 동안 내 작업실에 와 있는 걸 모를리가 없으니 딱 걸릴 수밖에. 용준이와 나는 나름대로 숨기려고 무척 노력하긴 했다.

〈커플〉이라는 노래는 일단, 달달한 사랑 노래로 즐거워야 했고 행복해야 했다. 가사는 용준이와 함께 썼는데 쓰는 내내 용준이는 정음이와 함께 갔던 곳을 비롯하여 둘만의 추억 이야기를 잔뜩 해주었다. 덕분에 그것을 토대로 가사를 써내려갔다.

그 다음 멜로디. 리드미컬한 곡여서 리듬을 잘 살릴 수 있는 드럼과 베이스를 제일 중요하게 생각했다. 뿐만 아니라 전주의 메인 악기도 고민을 많이 했다. 메인 악기에 약간 특이하게 리드Lead(전자음의 피리 소리)를 썼다. 어쿠스틱한 편곡에 안 어울릴 수도 있지만 독특한 느낌을 주는 것 같아 사용하게 되었다.

갑자기 생각난 아이디어로 도입부에 입 맞추는 소리를 삽입했는데 정음이가 녹음할 때 놀러온 걸 틈타 부탁하게 되었다. 곡이 되었으니 드디어 보컬 차례. 용준이의 맑고 기분 좋은 목소리를 살리기 위하여 최대한 멜로디를 톡톡 튀게 쓰려고 노력했다. 디렉팅을 할 때도 즐겁게 불러달라고 주문했었는데 정말 처음부터 끝까지 웃으며 녹음했던 기억이 난다.

작곡가에겐 노래 디렉팅도 기술이다. 작곡가가 화를 내기 시작하면 가수는 자신의 역량을 다 내보일 수가 없다. 연습을 해오지 않아서 화를 내는 것은 당연하지만 신인 가수일수록 연습보다는 너무 긴장을 해서 못 부르는 경우가 많으니 배려해야 한다. 밝은 노래를 할 때는 가수의 기분을 좋게 해주는 것도 프로 작곡가로서 필요하다. 예를 들어 가수가 슬픈 노래를 할 때는 슬프게, 공격적인 노래를 할 때는 화를 냈던 기억을 살려주는 것이 좋다. 이런 디테일함에 신경을 쓴다면 곡에 훨씬 더 풍성한 느낌을 줄 수 있다.

PAPER 05

먹는 굴이 아닌 규리예요

.

.

.

씨야 멤버들과는 데뷔했을 때부터 친하게 지냈는데 1집 〈여인의 향기〉때부터 함께 작업했었다. 사석에서도 자주 만나며 친분을 쌓았기 때문에 이들의 곡에는 애정을 더욱 듬뿍 쏟았다.

씨야가 결성되기 전 김광수 제작자가 내게 SG워너비의 앨범의 성공을 지켜보며 '여자 SG워너비'를 만들어보자고 제의했고, 결국 결성된 그 그룹이 씨야였다.

세 명의 소녀들이 들어왔는데 김연지, 이보람, 나영주라는 친구들이었다. 김연지는 엄청난 고음역대에서도 흔들림 없이 노래를 잘

했다. 이보람은 안정적이며 슬픈 보컬이 인상적이었으며 나영주는 음색이 독특했다. 그러나 녹음하는 과정에서 나영주라는 친구는 씨야 안에서 어우러지기 힘든 음색이란 판단을 해 다른 그룹으로 옮긴 것으로 알고 있다.

그 후 새로운 멤버가 녹음실에 왔는데 얼굴이 예쁘장하고 성격도 밝은 친구였다. "먹는 귤이 아닌 규리예요."라며 활짝 웃었는데 이 친구가 남규리였다. 남규리는 보기와는 다르게 목소리가 중성적인 느낌이 강했으며 노래할 때 슬픈 느낌이 극대화되는 친구였다.

이 세 사람에게 조영수 작곡, 안영민 작사의 〈여인의 향기〉라는 곡을 주었고, 후에 대중의 반응은 그야말로 폭발적이었다.

사실 씨야 전에 가비엔제이란 그룹의 히트곡 〈Happiness〉도 내가 가사를 썼다. 가비엔제이도 김광수 제작자가 여자 SG워너비를 만들면 어떻겠냐고 제안해서 만든 그룹이었다. 이때가 미디엄 템포의 전성기였다. 특히 〈미친 사랑의 노래〉가 나올 당시는 미디엄 템포가 전역을 휩쓸 때였고 제목도 자극적이어야 했나. 강한 단어들을 사용하던 분위기라 〈미친 사랑의 노래〉라는 이 제목은 사실 어떤 방송국에서는 '미친'을 빼고 〈사랑의 노래〉로만 나올 때도 있었다.

'미친'이란 단어가 청소년들에게 나쁜 영향을 준다나?

강렬한 제목 덕분인지 이 곡은 드라마 〈투명인간 최장수〉의 주제곡으로도 삽입되어 많은 사랑을 받았다. 초등학교 3학년 여자 아이가 이 노래를 부르는 걸 보고 놀랐던 기억이 난다.

3집 〈집으로 돌아오는 길〉은 정말 아꼈던 곡인데 씨야를 위해 선물했다. 헤어지고 나서 집으로 돌아오는 길에 느끼는 감정을 담았다. 그때 당시 씨야의 한 멤버가 연인과 헤어졌었는데 이 노래를 녹음할 때 많이 울면서 불렀던 기억이 난다. 미안하지만, 이기적이게도 그 멤버가 무척이나 고마웠다. 내 노래에 공감했다는 것이 아니겠는가.

이처럼 대중가요는 되도록 많은 사람들로부터 공감을 불러 일으킬 수 있어야 한다. 그래서 나 역시 대중에게 위로가 되고 공감이 되는 가사를 쓰려고 많이 노력한다.

아, 이 노래에는 작은 에피소드가 있다. 씨야의 남규리가 연기자 김범과 친분이 있었다. 어려운 부탁에도 범이가 새벽에 달려와 이 노

씨야
〈여인의 향기〉
〈미친 사랑의 노래〉
〈집으로 돌아오는 길〉

래의 내레이션을 해주었던 기억이 난다. 그러나 아쉽게도 범이의 내레이션은 회사와의 커뮤니케이션이 원활하지 않아 불발 되어 쓰지 못하였다. 하지만 이 기회를 빌어 범이에게 그때의 고마움을 전하고 싶다.

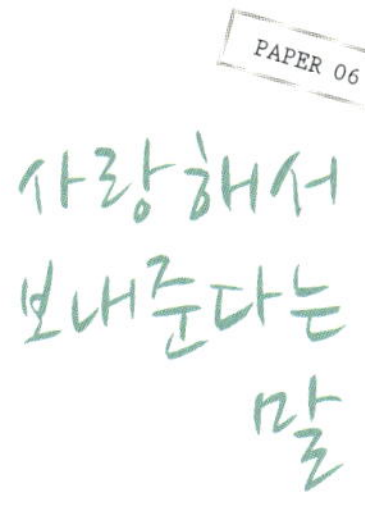

사랑해서 보내준다는 말

예능이면 예능, 노래면 노래, 연기면 연기. 삼박자를 고루 갖춘 학생회장 출신의 엄친아 연예인, 이승기! 하지만 그에게도 앳된 얼굴로 "누난 내 여자라니까"라고 외치던 풋풋한 시절이 있었다. 나와 만난 것도 그가 한창 모범생 이미지로 가수뿐만 아니라 배우로서도 인기를 굳혀갈 즈음이었다. 당시 이승기는 뭇 여성들의 로망인 '깔끔함'과 '신사적'인 이미지가 결합된 신세대 아이콘으로 급부상 중이었다. 그러나 완소 연하남 이미지를 버리고 본격적인 성인 발라드 가수로서의 입지를 다지기 위한 노래가 필요했는데 그 노래의 작사를 내가 맡게 된 것이었다.

영수 형에게 곡 의뢰가, 나에게는 가사 의뢰가 들어왔다. 가수로서의 생명을 결정짓는 세 번째 앨범이라 적잖게 부담이 됐지만 우리는 이승기라는 가수에게 1등이란 타이틀을 만들어주고 싶었다. 그러나 도대체 어디서부터 어떻게 만들어야 좋을지 막막했다. 성숙한 사랑을 표현하고 싶었고, 안으로 삭이는 깊이 있는 사랑의 모습을 떠올리기 시작했다. 그것이 어른이 된 승기의 남자다운 이미지에도 좋을 것 같았고. 그렇게 탄생된 곡이 〈착한 거짓말〉이다.

'사랑하니까 보내준다'는 내용의 슬픈 멜로디가 매력적인 곡. 어쩌면 비겁한 거짓말일지도 모른다. 진심으로 여자를 행복하게 해주고 싶지만 주변 여건이 도저히 허락하지 않은 사랑……. 그래서 사랑을 포기하게 되고 마음과 다르게 여자를 모질게 대하는 남자의 심정을 표현한 곡이다. 옛날에는 '사랑해서 보낸다'는 말이 이해가 되지 않았지만 나이가 드니 상황이 힘들면 여자를 위해 보낼 수도 있겠다는 생각이 들었다.

승기의 회사 대표님도 무척 마음에 들어 한 곡이지만 당시 빅뱅의 〈거짓말〉이 온 국민의(?) 사랑을 받았기 때문에 안타깝게도 1위를 놓칠 수밖에 없었다. 같은 '거짓말'이라는 제목 때문에 더 아쉬웠던 것 같다. 역시 여자들은 '나쁜' 남자를 더 좋아하는 것일까? 하하.(우리는 곡 제목을 '착한' 거짓말로 짓지 말았어야 했다!) 이 노래로 이승기는 이전 앨범에 비해 훨씬 성숙하고 깊이 있어졌다는 평을 듣게 되었다.

타이틀인 〈착한 거짓말〉 외에도 나는 〈Smile Boy〉와 〈투정〉이란 곡을 썼다. 특히 〈투정〉이라는 곡은 내가 작사, 작곡을 맡았던 곡이라 더욱 애착이 크다.

이 곡은 담담한 목소리로 시작하다가 마지막에 토해내듯 불러야 하는 곡이라 꽤 어려운 편에 속한다. 사실 승기도 세 번에 녹음 끝에 오케이를 받을 수 있었다. 승기는 가사 속에 들어 있는 감정을 잡는 작업을 유난히 힘들어했었는데 아마 승기가 어릴 때여서 더 그랬던 것 같다. 그러나 승기는 워낙 기본기가 좋고 곡 해석도 열심히 해오는 등 스스로 노력을 하는 스타일이라 곡의 느낌을 120% 완성해냈다. 나는 이 곡에 EP Electric Piano(전자 피아노)를 메인으로 써서 따뜻하면서도 서글픈 느낌을 주려고 노력했다. 또 중간 섹션에 호른을 넣어 팝의 느낌을 살렸다.

이승기

〈착한 거짓말〉

〈Smile Boy〉

〈투정〉

승기의 앨범을 맡은 것은 '행운'이었다. 그 열정을 보면서 나를 되돌아 볼 수 있었으니……. 늘 성실하게 연습하는 모습을 보면 나도 최선을 다할 수밖에 없다. 난 그런 승기의 모습이 참 좋다. 게다가 활달하고 유머러스한 성격도 예뻐보여 유달리 애정을 쏟기도 했다.

활발한 승기에게도 어려워하는 사람이 있었으니, 바로 자신의 기획사 사장님!(내가 뒤풀이에서 사장님 성대모사를 하면 승기는 쓰러져 미친 듯 웃었을 정도였다!) 작곡가로서 비지니스에서 엄격하고 칼 같은 성격의 사장님이야 말로 대하기는 편하지만, 승기는 사장님이 녹음실에 잘 하고 있나 하고 방문하면 곧잘 긴장하곤 했다. 하지만 느슨해지지 않도록 관리해주는 사장님이 있었기에 승기가 지금까지 인기를 이어온 것이 아닐까?

PAPER 07

공포의 청청패션과 사차원 아가씨

발라드의 계절, 가을이 되면 좋은 신인 발라드 가수를 한 명씩은 만났던 것 같다. 그 중에서도 전창식 제작자가 소개시켜준 KCM과 지아라는 가수가 기억에 남는다. 전창식 제작자는 김광수 제작자의 매니저를 하다 독립해서 성공한 케이스다. 나와도 일로 인연이 깊은 제작자다.

KCM의 첫인상은 '까무잡잡한 시골 청년'이었다. 청바지에 청재킷을 입었는데 그래서 더 촌스러워 보였는지 모른다.(공포의 '청청'패션이라니!) 그나마 키가 크고 얼굴이 잘생긴 편이라 촌티만 벗으면 괜찮을 것 같았다.

그러나 노래를 들어보니 의외로 목소리가 얇으면서도 아주 고음이었다. 외모와는 전혀 딴판이었다. 더 재미있는 것은 그런 섬세한 목소리와 다른 대찬 성격이었다.

그 성격을 전창식 제작자가 높이 산 모양이었다. 전창식 제작자는 소속 가수들을 카페, 길거리 등 아무데서나 노래를 시키기로 유명한데, 그럴 때마다 한 번도 주저함 없이 시원하게 노래를 부르는 걸로 소문이 자자했다. 그러니 어떻게 예쁘지 않겠는가.

KCM은 영수 형과 대표곡 〈흑백사진〉으로 주목을 받으며 고정 팬이 생기기 시작했다. 남자다운 외모와 다른 섬세한 목소리가 매력으로 대중에게 어필되면서도, 방송 버라이어티 쇼에 출연하면서 걸출한 입담을 자랑하는 의외의 모습에 좋은 반응을 얻은 것 같다.

그렇게 자리매김을 하고 나와는 3집 〈태양의 눈물〉, 〈안녕〉이라는 곡으로 만났다.

〈태양의 눈물〉이라는 곡은 그때 당시 유행했던 미디엄 템포에 KCM의 장점인 고음이 잘 드러났다. 노래 마지막 부분에 돌고래 소리같은 놀라운 고음을 뽑아내 녹음하면서 무척 놀라웠었다. KCM도 자신이 그런 음을 낼 수 있을 줄 처음 알았다고 했다.

지아
〈물끄러미〉

가사 안에는 겉으로 누구보다 강해 보이지만 사랑에는 여린 남자의 마음을 그려내고자 한 곡이다. '태양'과 '달'이란 상반되는 듯한 단어를 비유적으로 표현하며 슬픔을 극대화시키고 싶었던 곡이라 KCM의 섬세한 목소리와 잘 어울렸다.

그 후 〈안녕〉이란 곡도 있었는데 그의 목소리와 잘 어우러지게 서정적인 감성을 담으려고 노력했다. 전창식 대표가 미(美)에 대한 가치관이 남다른 제작자라는 점도 고려해 노래 가사에 쓰이는 단어도 되도록 예쁘고 아름다운 어감의 느낌을 사용했다. 이처럼 제작자의 마음에 들게 쓰는 것도 작사가에겐 중요한 점 중 하나다.

지아라는 가수는 같이 작업했던 가수 중에 가장 '사차원'이란 생각이 든다. 보통 사람과 생각하는 것 자체가 다르기도 하지만, 또 성격은 얼마나 착한지 알면 알수록 재미있는 친구다. 애교가 아주 많아 여동생 삼고 싶은 귀여운 스타일이었다.

무엇보다도 좋은 점은 아티스트로 노래를 표현함에 있어 가장 중요한 '감성'을 타고났다는 것이다. 그녀의 노래를 듣고 있노라면 순간적으로 빠져들어 나도 모르게 눈을 감고 감상하게 된다. 음정의 폭이 넓고, 표현이 매우 섬세했으며 고음에서도 목소리가 따뜻한 보기 드문 가창력을 가진 가수였다.

지아의 데뷔곡은 〈물끄러미〉라는 노래였는데 특이하게도 전창식 제작자가 직접 제안한 제목이었다. 전창식 제작자는 늘 '감성'을 중요하게 여겼기 때문에 제목만 들어도 저절로 상상이 되는 가사를 좋아해 나에게도 그런 주문을 했었다. 가사를 쓰면서 '나는 어제 이별한 사람'이란 생각을 주문처럼 외며 몰입하려고 무척 애를 썼다. 주문이 통한 것일까.

그렇게 탄생한 〈물끄러미〉는 나오자마자 히트를 치면서 신인가수 지아의 이름을 알리기에 충분했다.

이 곡 가사의 초점은 '연약한 여자'였다. 이별 앞에 애써 담담해보려 하지만 가슴 아파하는 여자의 심정을 그렸다. 이런 노래는 발음이 무척 중요하다. 감정을 누르면서도 슬픔이 배어나오게 발음을 신경쓰면서 불러야 하기 때문에 가수에게는 무척 까다로운 곡이기도 하다. 가사를 쓰면서도 가장 염려하던 것이 바로 이 점.

하지만 지아는 걱정과 달리 '사차원' 적인 성격 덕분인지, 부르는 내내 깊게 집중하면서 가사 발음도 매우 훌륭히 소화해내 곡의 색채가 더욱 돋보이게 했다.

PAPER 08

티아라를 쓴 소녀들의 꿈과 노력

김광수 대표의 소속사 가수들과는 대부분 친하게 지냈는데 아이돌 그룹 중 티아라가 가장 기억에 남는다. 데뷔 전부터 함께 연습하면서 유달리 가깝게 지냈다. 그중 효민과 은정은 내가 랩 메이킹 담당을 하면서 더 많은 이야기를 나눌 수 있었다. 두 친구 다 음악적인 욕심도 크고, 무척 노력하는 타입이라 속으로 응원을 많이 하는 동생들이다.

여담이지만 이친구들과 'R.D'라는 모임을 만들었다. 굳이 뜻풀이를 하자면 랩과 댄스. 지금 생각하면 참 유치하다고 느껴지지만 그 시절을 떠올려보면 즐거웠던 기억이다. 내가 나름 회장이라고 꽤 열심이었다. 얼마 전 갑자기 궁금해서 은정이에게 "네 핸드폰에 내 이름이 뭐라고 저장되어 있니?"라고 물었더니 은정은 두말할 여지도 없이 "안회장님!"이라고 대답하는 것이 아닌가. 시골 청년 회장도 아니고. 둘 다 크게 웃어버렸다.

티아라의 데뷔 앨범 〈거짓말〉은 김광수 대표의 야심작으로 영수 형이 쓴 곡에 내가 가사를 붙이게 되었다. 그 이후로도 〈너 때문에 미쳐〉의 랩 메이킹을 내가 하게 되었는데 우리 'R.D멤버'들이 랩을 도맡아 했다.(역시 회장으로서 밀려오는 뿌듯함이란!)

김광수 대표는 처음 아이돌 그룹을 만든 것이기 때문에 티아라의 의상부터 헤어, 메이크업, 안무, 노래, 모든 것을 총괄하였다. 그렇기에 영수 형과 나도 부담이 컸지만, 지금의 자리에 오르기까지 데뷔 때부터 쭉 함께 했기에 더 뿌듯하고 자랑스럽다.

가장 최근에 나온 티아라의 〈Cry Cry〉는 제일 말썽을 부렸던 곡이다. 영수 형과 김태현 작곡가가 공동으로 만들고 내가 가사를 쓴 이 곡은 티아라에게 있어서 정말 중요한 시기에 나오는 것이라 무척 공을 들인 작업이었다. 멜로디가 스페니시한 코드로 진행됐기 때문에 가사도 매력적인 느낌을 주는 것이 포인트였다. 얼마나 고민이 되던지. 밤새 음악을 들으면서 반복적인 생각을 되뇌이던 끝에 불연듯 '빨간색'이 떠올랐다. 그리고 순차적으로 '장미', 그리고 '가시'가 연상되면서 드디어 하나의 문장이 탄생됐다.

'새빨간 장미처럼 가시 같은 말로 날 찌른 너'

이 한 줄을 쓰자 그 뒤부터는 술술 풀려갔다. 물론 이렇게 가사가 완성이 되어도 제작자의 마음에 들지 않으면 다시 써야 하는 상황이 오기도 한다. 잔뜩 긴장한 채로 녹음실로 향했는데 다행히도 김광수 대표가 무척이나 흡족해했다. 결국 이 노래는 나오자마자 전체 차트에서 1위를 하는 기염을 토했다.

보통 스타가 된 아이돌 그룹들은 멤버마다 자신의 녹음 시간에 맞춰 와서 녹음만 하고 가기 마련. 그러나 티아라는 모두 같이 와서 서로의 목소리를 모니터하면서 녹음하는 모습이 보기가 좋았다.

아이돌 그룹 안에서의 파트 경쟁은 매우 중요하다. 자신의 파트가 적다면 더 노력하기 마련인데, 그 노력조차 하지 않는다면 가수의 자질이 부족하다고 생각한다. 그러나 티아라 멤버들은 누구 하나 빠지지 않고 전부 열심히 하고 있기 때문에 지금까지 잘 해온 것이 아닐까?

티아라
〈Cry Cry〉

PAPER 09

기립박수를 받기까지 백번도 넘게 본 영화

·

·

·

영화 〈아는 여자(2004)〉의 O.S.T 주제곡 요청을 받았다. 장진 감독이 연출하고 이나영 정재영이 주연을 맡은 로맨스 영화로, 그에 맞는 곡이 필요하다는 것이다.

기타 솔로가 나오는 부드러운 멜로디로 작곡하면서 가사도 아련한 느낌을 살려 슬프게 써내려갔다. O.S.T는 이미 주제가 명확하게 있어 다른 곡보다 가사와 곡 작업이 비교적 빠르게 진행되면서 순탄했다. 그렇게 탄생한 것이 고현욱의 〈사랑하잖아요〉다.

그런데 시사회의 라이브 공연에서 문제가 생겼다. 시사회는 녹음된 곡이 아닌 라이브로 연주하고 가수도 직접 나와 라이브로 노래하는 사상 유례없던 방식으로 진행되는 것이었다. 이럴 수가. 그 때문에 음악과 싱크를 맞추기 위해 나는 영화를 백번도 넘게 본 것 같다.

이나영의 머리가 흔들리고 스타트
정재영이 액자를 넘어선 순간 스타트
경찰이 지나가는 장면에서 스타트

영화의 언제 어느 장면에서 음악이 나와야 할지 작곡가는 모두 알고 있어야 했기 때문에 긴장할 수밖에 없었던데다 직접 알리는 신호까지 보내야했다. 네 번의 메트로눔Metronome(음악의 박자를 맞추기 위해 사용하는 기계.)소리가 흘러나오면 연주자들이 연주를 시작할 수 있도록 연습한대로 진행했다. 어찌나 긴장이 되던지 손에 땀이 흥건했다.

긴장 속에서 공연은 성공적으로 끝이 나고 자막이 올라갈 때 지하에서 연주하던 연주자들이 무대 위로 올라왔다. 영화를 위해 고생했던 많은 스태프들이 관객으로부터 기립박수를 받았고 O.S.T 제작자인 나도 무대 뒤에서 그 박수 소리를 함께 들었다. 성공적으로 시사회를 끝내기 위해 고생하던 순간이 머리를 스치면서 순간 눈물도 왈칵 쏟아졌다.

PAPER 10

그런 사람 꼭 있다, 멘토

90년대 발라드의 황제, 앨범마다 밀리언셀러 기록, 국민가수, 대한민국 대표 싱어송 라이터, 신승훈!

이 모든 수식어구와 어울리지 않게 그를 처음 만난 건 어느 허름한 포장마차에서였다 (나의 스승이었던 김형석 씨와 근태 형, 영수 형도 함께 있는 자리였다!) 오 마이 갓! 눈앞에 두고도 믿을 수가 없었다. 존재 자체만으로도 빛이 나는 국민가수, 신승훈과 포장마차에서 함께 소주 한 잔을 건넬 수 있는 영광이 오다니!

승훈 형은 중견가수로서 후배들을 이끌어줄 수 있는 원숙함과 부드러움, 진중함을 모두 갖춘 멘토였다. 부드러운 카리스마로 날카로운 지적뿐만 아니라 때로는 위로와 용기를 소주 한 잔에 담아 건네기도 했다. 당시에 영수 형과 내가 신인이었음에도 연륜에서 묻어나오는 경험을 안주로 삼아 따뜻한 조언을 아낌없이 해주었다.(비슷하게 생겨서 처음부터 나에게 잘 해주신 게 아닐까 싶을 정도다. 하하)

그러나 승훈 형은 워낙 대선배기 때문에 아무리 잘 해주신다 해도 나한테는 어려운 사람일 수밖에 없었다. 한때는 그분과 독대하는 것을 무의식적으로 시간을 빼앗는다고 생각하기도 했으니까.

그러나 한 시대를 풍미했던 선배들과의 만남은 작곡가로서 말로 표현하지 못할 만큼 플러스가 된다고 생각한다. 그래서 신인 작곡, 작사가들에게 기회가 있을 때 선배들과의 친분을 쌓아두라는 말을 꼭 해주고 싶다.

그 후에 승훈 형의 9집 앨범 중 〈그녀와 함께 마지막 춤을〉이라는 곡의 가사를 붙이게 되었다.(승훈 형의 앨범에 참여했다는 건 작사가 인생에서 가히 '영광'이라고 할 수 있다.) 처음에 가사 없이 작곡된 노래만 들었을 때 '영화 같은 이야기를 쓰면 좋겠다'는 생각이 들었다. 사랑했던 여자가

“승훈 형은 중견가수로서 후배들을 이끌어줄 수 있는
원숙함과 부드러움, 진중함을 모두 갖춘 멘토였다”

어쩔 수 없이 다른 이와 결혼을 하는데 결혼식 전날 남자와 마지막 춤을 춘다는 스토리. 이 테마가 승훈 형에게 신선하게 다가갔는지 바로 오케이하고 녹음에 들어갔다.

〈희야〉, 〈비와 당신의 이야기〉, 〈소녀시대〉, 〈안녕이라고 말하지 마〉, 〈네버엔딩 스토리〉 등으로 유명한 가수, 이승철! 지금껏 2,000회가 넘는 공연 횟수를 기록하며 베테랑 가수로서 후배들에게 귀감이 되는 선배다.

승철 형은 영수 형과 이미 〈그런 사람 또 없습니다〉, 〈듣고 있나요〉 등으로 어마어마한 히트를 한 후여서 친분이 두터운 사이였다. 〈슈퍼스타 K〉에서 인연이 있었던 크리스티나와의 듀엣곡을 영수 형이 작곡, 내가 가사를 쓰기로 했다. 나에게 찾아온 일생일대의 기회! 〈슈퍼스타 K〉의 유명세 때문에 부담감이 있었지만 승철 형의 곡인만큼 마음으로 곡 표현에 집중하기로 했다.

멜로디를 들어보니 헤어진 두 사람이 자신의 집에서 서로를 그리워하는 콘셉트가 가장 어울릴 듯했다. 너무 구체적인 단어가 들어가면 어려워 보일 수 있고, 시적으로 쓰면 올드해질 테니 그 중간 지점을 찾는 것이 관건이었다.

편안하면서도 감정 전달이 잘 되는 쉬운 단어들을 선택했고, 그런 가사에 승철 형의 미성과 크리스티나의 폭발적인 음색이 조화를 잘 이루어 곡이 전체적으로 완성도가 높았다.

승훈 형이나 승철이 형과 작업할 수 있다는 것만으로도 기쁜 일이다. 아무리 친하다 해도 쉽게 곡을 맡기는 분들도 아니거니와, 부족한 내 실력을 높이 사서 손을 내밀어 주고 칭찬을 아끼지 않으시니 그저 감사할 따름.

이런 멋진 선배들을 보며 나 역시도 후배들에게 좋은 영향을 주는 선배가 되고 싶다는 마음을 갖는다.

PAPER 11

이효리와 김치찌개

김광수 제작자가 이효리(와우! 최고의 섹시 가수, 이효리!)를 영입하게 되었을 때 우리에게 곡을 의뢰하면서 미디엄 템포로 써주기를 부탁했다.

왠지 미디엄 템포로 만들기는 싫었다. 아무리 대세라 할지라도 최고의 댄스가수인 이효리에게 미디엄 템포를 준다는 것은 우리가 욕먹기 십상.

하지만 당시 제작자의 의견이 절대적이었던 터라 결국 〈그녀를 사랑하지 마〉라는 곡을 주게 되었다. 처음에는 그 곡의 가사를 미디엄 템포 형식에 맞게 썼지만 역시 이건 이효리와 너무 동떨어진 분위기라고 생각되어 엎고 다시 썼던 기억이 난다. 그러니까 SG워너비가 부름직한 노래를 이효리에게 준 셈이다.

은유, 비유 등 시에서 나올법한 가사들을 나열하고 작업을 마친 상태였다. 그렇게 영수 형과 밥을 먹으러 가다가 갑자기 '이효리= SG워너비?'라는 공식(?)이 떠올랐다. 두 가수는 눈을 씻고 봐도 공통점을 찾기가 힘들지 않은가. 결국 미디엄 템포의 그 곡을 댄스 가사처럼 바꿨다.

처음 떠오르는 단어가 '그녀'였다.(이효리는 우리나라 여성들의 우상이니만큼 여성성을 부각시키고 싶었다.) '그녀를 사랑하지 마 나를 울리지마 너에겐 내가 부족한 거니'라는 후렴이 원래는 '사랑은 빛을 잃어 진심을 잃어 깊은 바다에 빠진 것처럼' 이런 분위기의 곡이었다.

지금 생각해보면 처음의 가사로 했었다면 무대에서 보여주는 것도 한계가 있었을 것이다. 바뀐 곡도 결과는 나쁘지 않았지만 아무래도 이효리가 딱 맞는 옷을 입지 않은 느낌이 들었다. 그런데도 이효리로부터 다음 앨범에 참여해 달라는 요청이 왔다.

운이 좋게도 그 다음 앨범은 바로 초대박 히트를 쳤던 〈U-Go-Girl〉의 앨범. 이효리가 직접 프로듀싱을 했고 나는 〈빨간 자동차〉라는 곡의 가사를 부탁 받았다.

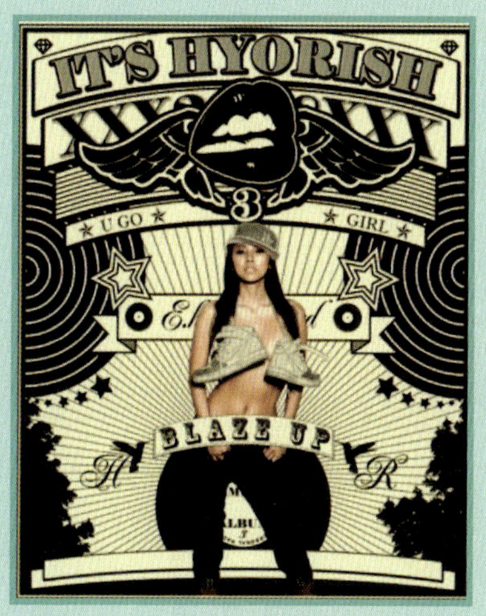

이효리
〈빨간 자동차〉

경쾌한 여름 느낌의 멜로디를 들으니 바다가 떠올랐고, 자동차를 타고 신나게 도로를 질주하는 장면이 연달아 상상되었다. 장면이 컷마다 구체적으로 연상되면서 이효리와 잘 어울리는 빨간색이 떠올랐고, 빨간 자동차를 소재로 가사를 쓰기 시작했다. 더욱이 듀엣 가수가 김건모 씨였기 때문에 더욱 톡톡 튀는 가사를 쓸 수 있었다.

〈U-Go-Girl〉 앨범의 성공으로 지금까지 톱스타로 자리를 지켜내고 있는 이효리를 보면 그 열정에 감탄할 수밖에 없다.

여담이지만 이효리를 처음 봤을 때 얼마나 긴장을 했었는지 아직도 기억이 생생하다. 밥을 20분 전에 먹었으면서도 이효리가 권했다는 이유 하나만으로 나도 모르게 김치찌개를 또 먹고 있었다!(이것이 이효리의 파워가 아니겠는가.) 사실 그녀와 친구가 되기 전, 그녀가 녹음실 안에서 잠들어 있는 모습을 보고 괜시리 두근두근 가슴이 뛰었던 기억도 난다. 하하.

PAPER 12

인간적인, 너무나 인간적인

내가 만났던 가수 중에 실력과 인품을 두루 갖춘 가수를 꼽자면 김종국 형이다. 대외적으로 워낙 강한 이미지였기 때문에 처음엔 만날 때마다 약간 주눅도 들었지만 특유의 환한 미소로 반겨주어 매번 녹음도 수월하게 마칠 수 있었다.

내가 준 노래는 〈연습〉, 〈토박이〉, 〈사랑했나 봐〉 미디엄 템포의 발라드. 당시 난 신인 작곡가였음에도 불구하고 김종국 형은 작업에 들어가면서 내 의견을 경청해주며 배려가 넘쳤다. 그 덕분인지 배테랑 가수 앞에서도 자신 있게 녹음을 진행할 수 있었던 것 같다. 지금도 그 생각을 하면 김종국 형에게는 늘 감사하다.

김종국 형과 나이가 비슷한 홍경민 형과는 거의 10년 가까이 알고 지냈다. 홍경민 형은 내가 데뷔하기 전에 만났으니까 가수들 중에 가장 오래 알고 지낸 사람이다.

〈흔들린 우정〉이란 노래로 무명 시절을 벗고 톱스타가 되었지만 데뷔 초기에는 큰 주목을 받지 못했다. 그때 물론 나도 신인 작사가였고 아무것도 알려진 게 없던 상태. 당시 홍경민 형과는 같은 동네에 살면서 곧잘 맥주 한 잔 마시며 많은 얘기를 나눴다.

형은 호프집에서 흥이 오르면 즉석에서 노래를 해주곤 했는데, 술기운 때문인지 유독 멋지게 들렸다. 조그만 라이브 무대도 혼신의 힘을 다해 부르는 형을 보고는 이런 가수가 성공해야 한다는 생각이 들었다. 지켜보던 사람들이 기립박수를 쳤음은 두말 할 것도 없다. 홍경민 형을 알아보는 두 명의 팬이 사인을 부탁하기는 했었지만 그때만 해도 대부분 홍경민이란 가수를 알아보지는 못했다.

홍경민 형이 〈흔들린 우정〉으로 큰 성공을 거두자 바빠지면서 보기는 어려워졌지만, 마음속으로는 형이 잘 돼서 진심으로 기뻤다. 나 역시 빨리 성공해서 홍경민이란 인기가수에게 곡을 주고 싶다는 생각뿐이었다.

그런데 그게 현실이 되다니! 내가 데뷔하고 나서 홍경민 형과 신혜성 콘서트에서 우연히 마주치게 된 것이다. 우리는 반갑게 얼싸 안고 재회를 하며 함께 앨범을 만들고자 했다가 얼마 있지 않아 약속이 현실이 되어 드디어 앨범이 나오게 되었다.

그는 록 보컬이지만 감성을 노래할 수 있는 가수라고 생각하기 때문에 나는 형에게 〈내가 그렇지 뭐〉라는 감성적인 록발라드를 선물했다.

솔직히 홍경민 형의 보컬은 '록' 보다는 '감성'적인 분위기가 강하다. 그래서 편곡 자체도 발라드 느낌을 더 주려고 노력한 것이었다. 내가 느끼는 어쿠스틱 악기들과 오케스트라를 써서 따뜻함을 더했는데, 한편으로는 형 자체가 음역대가 높아 노래할 때 강한 느낌이 날까봐 걱정도 됐다. 하지만 내 예상대로 짙은 감성이 잘 묻어나면서 원래의 바람대로 녹음을 완성할 수 있었다.

떠나간 사람에게 잘해주지 못해서 미안했다고, 그래서 '내가 그렇고 그렇지 뭐' 라며 자책하는 내용으로 내가 작사, 작곡, 편곡을 모두 하면서 무척 신경을 많이 쓴 곡이었다.

미디 악기를 배제한 포 리듬 위주로 편곡을 했고 더불어 깔끔한 사운드를 내는 것도 놓치지 않으려고 했다. 홍경민 형의 목소리가 진솔하기에 가사도 솔직해야 한다고 생각했고, 진심 어린 가사와 목소리가 잘 어울어져 전체적으로 만족스럽게 완성되었다.

한 가지 재미있는 에피소드는 JYP의 박진영 씨가 이 노래를 듣고 나에게 곡을 의뢰했다는 점이다. 만능 뮤지션 박진영이 나에게 곡을 의뢰하다니! 무척이나 기분이 좋아 하루종인 싱글벙글대던 기억이 난다.

PAPER 13

내가 가장 아끼는 노래

JOO를 만난 건 JYP사무실에서였다. 귀엽고 앳된 외모의 조그마한 여자아이가 앉아 있었는데 노래를 말하듯이 애절하게 불러 내 두 눈을 부비며 여러 번 쳐다봤을 만큼 묘한 매력의 친구였다. 어린 나이에 데뷔해 주로 상처받은 여자들의 마음을 어루만지는 노래를 불렀는데, 세련된 감성의 깊이가 베테랑 가수와 비교해도 전혀 부족함이 없었다.

JOO는 연습생 생활 1년 만에 가요계에 데뷔해 선부른 감이 없지 않아 있었다. 본인도 그것을 느꼈는지 1집을 내고 2년의 공백기를 두면서 다시 연습생 신분으로 돌아가 실력을 쌓기를 원했다. 그리고 2년 만에 나오는 앨범에 내가 참여하게 된 것! 오랜 재충전 끝에 JOO라는 가수가 새롭게 태어났다고 극찬을 받을 수 있게 앨범의 완성도를 높이는 것이 관건이었다.

박진영 씨도 많은 고심을 했다. 그 결과로 JYP 특유의 사운드를 배제하고 E-Tribe 등 소위 '잘 팔리는' 작곡가들의 곡을 전면에 배치했다. 나는 JYP와 관련은 없었지만 박진영 씨가 홍경민 형의 〈내가 그렇지 뭐〉를 듣고 나에게도 곡 의뢰를 해오면서 합류하게 되었다. JYP 사단에게 곡을 준다는 것은 내게 또 다른 변화이기에 기쁜 마음으로 흔쾌히 승낙했다.

박진영 씨에게 좋은 곡을 들려주고 싶었던 마음도 있었기 때문에 더 열심히 만들었다. 그 노래가 〈물 한 잔도 마실 수 없어〉다. JOO에게 백 퍼센트 맞춰 멜로디를 만들었고, 편곡도 하게 되었다. 가사는 일상적인 표현을 쓰면서도 이별을 이야기하려고 노력했고 JYP만의 색깔을 내기 위해 시계침 소리를 인트로에 넣는 등 꼼꼼하게 준비했다.

드디어 녹음에 들어갔다. JOO는 '노래'를 하는 것이 아니라 '이야기'를 했다. 그녀는 '가요계에 존재할 이유가 있어야 데뷔시킨다'라는 박진영 씨의 철학에 딱 맞는 아티스트로서의 자질이 충분했다.(박진영 씨는 故 유재하 씨처럼 말하듯이 노래하는 사람, 말할 때와 노래할 때의 음성이 같은 사람, 진심을 담아서 노래하는 사람을 좋아한다.) 호소력 있으면서도 말하는 듯이 노래하는 JOO에게 높은 점수를 주고 싶다.

지금까지도 이 노래는 내가 작업한 곡 중 가장 마음에 든다. 정성 들여 만든 곡이라 애착이 가지만, 타이틀 경쟁 중에 안타깝게 놓쳐 그만큼 아쉬움도 크다.

언젠가 리메이크도 해보고 싶다. 여담으로 다비치가 이 노래를 갖고 싶어 했었는데 후에 그들이 다시 불러준다면 기분 좋은 일이 될 것 같다.

JOO
〈물 한 잔도 마실 수 없어〉

PAPER 14

안녕하세요. 저 양현석이라고 하는데요.

가끔 사람들에게 나와 작업했던 가수들 이야기를 할 때면 제일 의아해 하는 팀이 있는데 바로 빅뱅이다. 아마도 대부분 발라드 가수와 같이 작업을 해서 그런 것 같다. 빅뱅과의 만남은 YG의 양현석 대표에 의해서 이루어졌다.

"안녕하세요~. 양현석이라고 하는데요~."

앗, 양현석 대표? 수화기 너머로 들리는 그 특유의 목소리. 나에게 무슨 일로 전화를 다 주신 걸까? 두근대는 마음으로 통화를 이어갔다. 골자는 데뷔를 앞둔 신인 가수 앨범에 대해 미팅을 하자는 것.

양현석 대표와 YG 사옥에서의 첫 만남은 그냥 '신기함' 그 자체였다. (서태지와 아이들 멤버가 내 눈앞에 있다니! 믿어지지가 않았다.) 그래도 되도록 그런 모습을 보이지 않으려 했다. 일을 함께 하려면 '냉정한 판단'이 필요하기 때문이다. 양현석 대표는 영수 형에게는 좋은 곡을, 나에게는 좋은 가사를 써주길 부탁했다.

그때 YG는 혼란의 시기였다. 몇몇 가수들이 나가고 기존에 있던 가수들마저 음반이 실패하던 상황. 우리는 '긴급 구원투수'였다.

양현석 대표의 같이 작업할 가수는 데뷔가 임박한 친구들이었다. 그는 이 그룹을 '서태지와 아이들'처럼 만들고 싶다고 얘기했다. 그리고는 자신의 컴퓨터로 그들의 노래가 담긴 동영상을 보여주었는데 실력 자체가 아마추어를 넘어 프로 이상이라 보자마자 '대박'이라는 말이 저절로 나올 정도였다.

특히 눈에 띄는 친구는 지드래곤이었는데 랩핑과 춤, 눈빛, 카리스마 등 모든 걸 갖춘 친구였다.

나에게 가사를 부탁했던 곡은 R&B 발라드로 멜로디가 무척 인상적이었다. 기존의 YG 식의 가사와는 다른 느낌으로 가는 것도 나쁘지 않을 것 같았다. 실력파 신인답게 신선함도 필요하니까. 특유의 멋스러움보다는 '슬픔' 자체를 표현하려고 포인트를 잡고 써갔다.

그렇게 나왔던 곡이 〈눈물뿐인 바보〉다. 사실 양현석 대표가 타이틀 감이라고 해서 내심 기대를 했던 작품이기도 하다. 하지만 첫 타이틀이 〈We Belong Together〉로 나오는 바람에 조금은 실망했던 기억이…….

이후 YG사단과 여러 인연이 이어졌다. 대성의 〈웃어본다〉라는 솔로 곡에 참여하고, 또 태양의 솔로 앨범 곡 제의는 받았지만, 내가 준 곡이 잘 맞지 않아 녹음은 못하게 되었다. 이때의 아쉬움도 있고, 태양의 보컬은 개인적으로 여러 가지 시도를 해보고 싶은 마음도 커서 언젠가 같이 작업할 날이 기대되는 가수 중 하나다.

자신들의 음악과 특유의 개성으로 정상의 자리에 오른 빅뱅을 보면 그 비범함에 놀라고, 한편 대견한 마음도 든다. 최근 활동함에 있어 여러 가지 사건들이 있었지만, 그것을 발판으로 삼아 딛고 일어나는 모습에 진심어린 박수를 보내고 싶다.

PAPER 15

누구 맘대로 얼굴빨이래?

남성 아이돌이 비주얼로 승부하던 시대는 이제 끝났다. 요즘은 외모만 잘생겨서 살아남기 힘들기 때문. 인기그룹 중 하나인 비스트와 작업한 일화가 있다.

비스트는 뮤직큐브(뮤직큐브는 포미닛, 지나, 허각 등이 소속되어 있다.)라는 회사에 소속되어 있던 팀으로 우리의 만남은 홍승성 대표의 부탁으로 시작됐다. 이미 비스트는 몇 장의 앨범을 낸 후. 나는 비스트의 음악은 댄스곡만 들어와서 발라드를 써주고 싶었다. 댄스곡으로 각인된 고정 이미지 때문에 감을 잡긴 힘들었지만 소스가 워낙 좋은 친구들이라 곡을 쓰고 싶어졌다. 그간 발표했던 댄스곡의 음역 대 자체가 높았다는 것을 파악해보니 발라드도 충분히 소화해낼 그룹이라고 생각이 들었다. 회사에서는 깨끗한 편곡과 쉽고 간결한 멜로디를 원했고, 그렇게 나온 곡이 비스트의 〈주먹을 꽉 쥐고〉다.

비스트 멤버들은 전체적으로 노래를 다 잘해서 녹음하는 데 불편함은 전혀 없었다. 그중 제일 눈에 띄는 멤버가 양요섭. 놀라울 정도로 고음이 시원하고 선천적으로 노래를 잘 하는 목청을 타고난 친구다. 또한 목소리 자체가 맑고 리듬감도 좋고, 곡을 해석하는 감각도 훌륭했다. 뿐만 아니라 현승이의 매력적인 보컬 톤은 노래의 느낌을 잘 살려주었고, 기광이는 발라드를 불렀을 때의 느낌이 묘하게 색달라서 더 좋았다. 두준이는 거칠고 강해 보이지만 마음은 여린 남자를 잘 표현해냈고 동운이의 의외로 가녀린 목소리는 다른 멤버들과의 차별이 되었다. 준형이의 랩은 아이돌이라 기대하지 않았는데 놀라운 실력에 감탄했던 기억이 난다.

아이돌의 발라드 곡은 멤버들 한 명, 한 명 특징을 잘 살려주는 게 중요한데 비스트는 이미 차별성이 있어 만족스럽게 녹음을 완성할 수 있었다.

아이돌 중에 노래 실력이 최고였던 그룹 중 하나로 대국남아를 꼽

비스트
〈주먹을 꽉 쥐고〉

고 싶다. 이 친구들의 처음 목표는 동방신기. 그래서 데뷔곡도 아카펠라 댄스곡인 〈동경소년〉이란 곡이었는데 동방신기의 인기가 워낙에 특별해서인지 인상 깊은 성과는 거두지 못했다. 이 그룹이 생소한 사람들이 많겠지만, 내실 있는 실력 때문에 언젠가 꼭 성공하리라고 믿어 의심치 않는다.

'원조 꽃미남(?)'잘생긴 아이돌 그룹을 맡아서 한 적도 있었는데 바로 SS501이었다. 모든 멤버들이 비주얼이 출중해서 기대가 되는 그룹이었다. 〈Fighter〉라는 곡의 가사를 맡아서 작업하였는데 SS501만의 거친 느낌을 많이 살리려고 애를 쓰던 곡이다.

꽃미남들도 녹음실 부스 안에서는 쉬는 시간에 노는 남자 고등학생처럼 참 산만했다. 그렇게 서로 장난을 치고 개구쟁이 같은 모습이 인간적이어서 그것대로 보기 좋았다. 그러면서도 어찌나 예의가 바르던지. 지금도 밖에서 날 보면 지나가던 길이라도 차를 세우고 인사를 할 정도니! 하하.

PAPER 16

이 아이들을 최고로 키우고 싶습니다!

.

.

.

록 보컬 중 버즈 출신의 민경훈이란 가수는 첫 이미지가 '생각보다 덩치가 크다'였다. 그때 그는 소속사와의 문제로 마음 고생이 심해서 몸무게가 많이 늘었다고 했지만, 잘생긴 얼굴은 여전했다.

버즈로 활동할 때의 경훈이의 노래는 바이브레이션이 특징이었다. 나는 그 바이브레이션이 경훈이만의 무기라고 생각했지만 경훈이는 그 창법을 고치고 싶어 했다. 나는 지금도 경훈이가 그 창법을 더 발전시켜나갔으면 하지만 보컬리스트로서의 고민과 욕심을 내가 어떻게 무시할 수 있으랴!

경훈이에게는 〈사랑해〉, 〈상처투성이〉라는 두 곡을 주었는데 가성이 들어간 창법을 처음 구사하는 노래였다. 경훈이에게는 가성이 처음이라 많이 어색해했지만 걱정과 다르게 예전부터 해왔던 창법처럼 능숙하게 소화해냈다. 그 다음 앨범에서는 기존 버즈 창법 그대로 나올 수 있는 곡을 쓰고 노래도 했지만 아쉽게도 앨범에는 수록되지 않았다. '너무 예전 창법이 나와서'라는 의견 때문이었는데 지금 생각해도 그 노래는 많이 아쉽다. 화도 나고 속도 상해서 그런지 노래 녹음을 하면서 많이 힘들었다. 내 판단이 옳아서가 아니라, 경훈이에게 더 좋은 곡을 주고 싶었던 마음이기 때문이었다. 아직도 바라건데 경훈이가 예전 창법으로 돌아와주길 기다리고 있다.

록 그룹 중에는 FT 아일랜드가 늘 기억이 난다. 처음으로 그들을 알게 된 건 한성호 대표가 나와 영수 형, 그리고 김광수 대표가 사석에서 이야기를 나누고 있는 자리에 '그들'의 사진을 들고 왔을 때였다.

"이 아이들을 최고로 키우고 싶습니다!"

김광수 대표에게 함께 만들자며 제안한 그룹이 바로 FT 아일랜드. 사진으로만 봐도 될성부른 떡잎이었다. 기본적으로 비주얼이 뛰어나면서도 초등학교부터 연습을 해왔기에 연주 실력 또한 기가 막혔다. 당시 최고의 매니저라 불리던 김광수 대표도 눈빛이 흔들렸을 정도니 말이다. 우리는 무조건 된다고 생각을 했다.

1집 앨범에 영수 형과 나는 〈천둥〉이라는 노래를 주었고 녹음 작업을 하는 동안에 어린 홍기의 매력에 푹 빠져들었다. 홍기는 어리지만 깊은 소리를 낼 줄 알았고 다듬어지지 않았지만 훌륭한 '원석'을 발견한 느낌이었다. 결국 첫 앨범에서 기대 이상의 놀라운 성공을 거두었다. 최근 일본에서도 한류 열풍을 일으키며 멋지게 발전하는 모습을 보면 대견하기도 하고, 바쁜 스케줄을 소화하는 것을 보니 안쓰럽기도 하다.

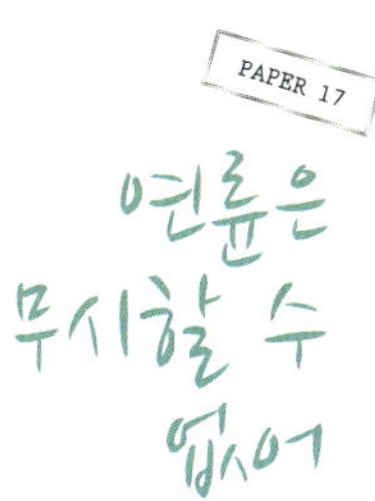

PAPER 17

연륜은 무시할 수 없어

'연륜과 음악'하면 제일 먼저 가수 박상민이 떠오른다. 박상민 형은 〈하나의 사랑〉에서 보여준 감성적인 보이스 외에도 〈청바지 아가씨〉에서의 리드미컬한 보이스, 〈멀어져 간 사람아〉에서 발산한 허스키하면서도 강렬한 보이스 등 어떤 노래라도 가지고 놀 줄 안다는 생각을 하게 한다. 정도 얼마나 많은지 어려운 사람들에게 자금도 많이 지원해주고 빌려주기도 하는 의리의 사나이다.(지금 박상민 형에게 돈을 빌리신 분들이 있다면 여유가 되는 한 빨리 갚으시길! 하하)

박상민 형은 〈해바라기〉 앨범 때 작업을 같이 하면서 나는 〈고마워요〉라는 축가를 선물하였다. 지금 결혼하신 형수님에게 불러주고 싶다며 고백송으로 만들어 달라고 부탁을 받은 노래기도 하다. 형수님이 감동의 눈물을 흘리셨다고 하니 나도 무척 벅차고 기쁜일이 아닐 수 없다.

박상민 형과의 일화 중 지금도 내가 어린 가수들에게 누누이 강조하는 것이 있다. 박상민 형은 녹음을 할 때면 항상 노래 가사를 다 외워오셨다. 그리고 가사의 의미를 다 이해하며 눈을 감고 부르셨는데 작사가로서 나는 그게 너무 감사했다.(가사의 의미를 알고 부르는 것과 모르고 부르는 것은 그야말로 '천지 차이'다.) 내가 쓴 가사를 가슴으로 느껴준다는 뜻이 아닌가. 이런 점에 있어 형을 존경하지 않을 수가 없다.

뿐만 아니라 녹음실에서의 열정 또한 멋지다. 가수들의 녹음 시간은 보통 한 프로(4시간) 이상인데 박상민 형은 한 프로에 다섯 곡까지도 녹음이 가능하다고 한다. 역시 연륜은 무시할 수 없다는 법. 연륜을 통한 정신력 역시 대단한 분이다. 다 그런 것은 아니지만 가끔 인기 가수들 중에서도 바쁜 스케줄에 지쳐 녹음실 안에서 헤이해지는 경우를 보았는데, 이런 대선배들의 귀감이 되는 모습은 배워주길 바라는 마음이 든다.

'배우 겸 가수'는 노래할 때 그 느낌이 또 다르다. 대표적인 사람이 바로 임창정. 임창정 형은 워낙 선배 가수여서 대하기가 어려울 것 같았지만 유쾌한 성격 덕에 즐겁게 녹음을 마칠 수 있었다.

임창정하면 R&B가 대표적이라 나는 현실적인 단어들로 가사가 들어갔으면 좋겠다고 생각해 편안한 느낌으로 써내려갔다.

5일째

※당시 내가 썼던 현실적인 가사

우리가 왜 헤어져야 하나요 oh my daring
너무 사랑했잖아요 너무 행복했잖아요
마음이 식었단 말 no no no 거짓말이죠
그대 입맞춤이 아직도 느껴지는데
어젯밤에도 오늘 아침에도
잠 한숨 못 자고 기다렸죠
그대의 전화가 울리기를
난 기다렸는데
i just wanna love
but say goodbye

그대가 그리워요 내 사랑 내 곁에 돌아와줄순 없나요

그대 떠난 후로

눈물로 살죠

one & two & three four and five

벌써 5일째네요

그대여

하루 지나고 이틀이 지나도

그대에게 연락이 없네요

그대는 날 다 지웠나봐요

다 잊었나봐요

미친 듯이 뛰어가서 안고 싶은데

가지 말라고 가지 말라고

말하고 싶은데

i just wanna love

love break my heart

그대가 떠나가요 붙잡고 싶은데 용기가 나질 않아요

떠나지 말아요

오 나의 사랑
one & two & three four and five
벌써 5일째네요
그대여

임창정 형의 사무실에 처음 녹음하러 갔을 때 형이 보이지 않아서 물어봤더니 가사를 다시 쓰고 있다고 했다.(임창정 형이 원했던 가사는 시적인 가사였던 것이다!)

그때가 그리워요

※임창정 형이 작사한 시적인 가사

작은 목소리로 날 사랑한다던 단 한 사람
오늘은 유난히 더 그댈 보고 싶은 걸요
울고 남을 만큼 충분히 그댈 지워봤지만
그대의 마지막 모습이 덫이 돼
나의 가슴에 남겨진 상처에
더 깊이 더 오래 조여와요

그녈 잊으라고 보채지만 너무나 소중한

The one who showed me and loved to me

그때가 그리워요 너무나 사랑했던 그 사람 곁일 때가

그댈 언제나 만질 수 있던 그날들이 많았었는데

지키지 못한 나인걸

나의 가슴에 남겨진 상처에

더 깊이 더 오래 조여와요

그녈 잊으라고 보채지만 너무나 소중한

The one who showed me and loved to me

그때가 그리워요 너무나 사랑했던 그 사람 곁일 때가

앞으로 흘릴 눈물 많겠지만 지워가며 살아 볼게요

지우며 잊어 볼게요

I still love her I still need her even now

할 수 있다면 지친 내 삶에 힘이 돼 주길 그럴 순 없나요

The one who showed me and loved to me

그때가 그리워요 너무나 사랑했던 그 사람 곁일 때가

그댈 언제나 만질 수 있던 그날들이 많았었는데

지키지 못한 나였죠

두 가사를 비교해보면 내가 작사한 것은 확실히 현실적인 단어들이 많고 임창정 형이 작사한 것은 시적인 단어들이 많다. 개인의 차이기 때문에 무엇이 더 좋다고 판단할 수는 없었지만 조율 끝에 임창정 형의 가사로 녹음하기로 결정이 났다. 사실 난 내가 처음에 작업했던 가사가 마음에 들었으나 노래를 직접 부르는 당사자가 빠져드는 가사를 선택할 수밖에 없었다. 그는 오랜만에 컴백을 하는 상황이라 고민도 많았고, 앨범에 열정적으로 모든 것을 다 쏟아 부었던 때라서 인정해주고 싶은 마음도 컸고……. 하지만 나는 가끔 내 가사로 한 번 더 불러봤으면 어땠을까 하는 생각을 하곤 한다.

여담이지만 그는 이런 진지한 면도 있었으나 특유의 장난기는 녹음할 때 여지없이 나타났다. 영화 〈비트(1997)〉에서의 모습도 얼핏 보였다고나 할까?

반면에 노래할 때 목소리는 환상적이었다.(정말 내가 어릴 적 동경하던 가수 임창정의 목소리였다!) 목소리가 어쩜 그렇게 독특하면서도 슬플 수 있는 걸까? 장르가 어떻든 그의 목소리는 빛이 났다.

PAPER 18

한(恨), 그리고 깨끗한 슬픔

·

·

·

솔로 여자 가수 중 목소리에 슬픈 한이 가장 많이 서린 가수는 바로 백지영이다. 지영 누나와는 함께 작업을 하기 전부터 샵의 이지혜, 쿨의 유리 누나와 함께 친분이 있던 사이였다. 그녀는 내 노래를 불러줬으면 하는 여가수 중 0순위였는데 드디어 그 기회가 찾아온 것!

소지섭, 김하늘 주연의 〈로드 넘버원〉이란 드라마 O.S.T를 맡게 되었다. 시작하기 전부터 최고의 배우들이 캐스팅 돼 기대가 큰 드라마였다. 또한 배우들의 캐스팅이 화려했던 만큼 O.S.T도 최고의 가수들이 참여했는데 그중 메인가수가 바로 백지영이었다.

작곡가들 사이에서 너도나도 그 O.S.T를 맡으려고 경쟁이 붙었다. 내가 알기로는 데모곡이 100곡이 넘게 들어왔는데 치열한 경쟁 끝에 마지막 두 곡만 남았다. 한 곡은 〈같은 마음〉이라는 내 곡이었고 상대 곡은 공교롭게도 같은 회사의 오성훈 작곡가의 곡이었다. 내심 내가 되었으면 하는 마음이 컸지만 안 되더라도 친구인 오성훈 작곡가의 곡이 되는 것이었기에 크게 개의치는 않았다. 마음을 비웠는데도 어쩌다 보니 운이 좋게 내 곡이 선택되어 녹음이 진행되었다.

역시 백지영이었다. 늘 사석에서만 봐서 친한 누나로만 느꼈었는데, 녹음을 시작하니 프로의 디테일함이 돋보였다. 예상대로 단 1시간 만에 녹음을 끝낼 수 있었다. 녹음을 하면서 그 슬픈 목소리가 울려 퍼지자(내 곡임에도 불구하고) 눈물이 고였을 정도였다. 비록 드라마 시청률이 3%대에 머물러서 노래는 성공하지 못했지만 발라드의 디바 백지영과 작업할 수 있었음에 감사했다.

후에 누나는 〈시크릿 가든〉이란 드라마의 O.S.T로 오랜만에 차트에 올랐고 내가 다 들 떠 축하 문자를 보냈다.

『누나 노래 최고예요! 진짜 짱이야! ㅠㅠ』

그때 누나의 답이 더 감사했다.

『네 노래도 진짜 좋았어. 드라마 시청률 때문에 그런 거야』

누나의 위로가 나에게 큰 힘이 되었다.

한편, 백지영의 한이 서린 슬픔과는 다른 이지혜의 깨끗한 슬픈 목소리도 아주 매력적이다. 샵으로 활동할 때부터 목소리가 참 예뻤다. 발라드를 부를 때 '깨끗한 슬픔'을 표현해내는 데 있어서 더 없이 훌륭했다.

나는 그녀의 첫 솔로 앨범에서 〈그대 없이 난〉이라는 타이틀 곡을 썼다. 녹음할 때 그녀의 깨끗한 목소리가 노래를 한층 더 슬프게 만들었다. 이건 쉽지 않는 경우다. 보통 슬픔을 표현할 때는 울먹이는 듯 노래하거나 나지막이 읊듯 부르는데 청아한 목소리로 슬픔을 나타내는 창법은 정말 타고 나야 하는 것 같다. 그런 점에서 이지혜의 목소리는 뛰어난 장점. 하루 빨리 샵 때의 명성을 찾길 바라는 마음이 크다.

PAPER 19

한 마을에 사는 할아버지와 꼬마 여자아이

제일 친한 여자 가수를 꼽으라고 하면 다비치를 얘기할 수 있을 것 같다.(물론 다른 누나 동생 들도 다 좋아한다. 하하) 민경이와 해리는 데뷔 전부터 친하게 지내기도 했고, 두 사람 다 내 곡에 호의적이라 대화를 나눌 기회가 많았다.

믿기지 않겠지만 해리는 처음엔 음정이 조금 불안한 아이였다. 목소리는 선천적으로 탁월해서 음정이 불안한 부분만 고치면 좋겠다고 생각했었는데, 피나는 노력의 결과로 지금은 최고의 여성 보컬리스트가 되었다.

성격은 여성스러워서 낯을 가려도 알고 보면 정말 웃기고, 친해지면 애교도 많은 매력적인 친구. 해리가 부르는 가이드가 매우 좋기 때문에 다른 경쟁작들보다 컨택이 유리할 수밖에 없다. 원래 다비치에게 주려고 만든 노래를 해리가 가이드를 떠주었다가, 지금 최고의 여자 가수들에게 돌아간 곡도 있을 정도니까.

민경이 역시 그 친구가 고등학생 때 만난 사이라 그런지 친동생처럼 느껴지는 멤버다. 민경이는 스스로 우리 사이를 이렇게 표현하곤 했다.

"한 마을에 할아버지와 꼬마 여자 아이가 있는데 어떤 얘기도 할 수 있는 그런 사이."

'내가 늙었단 얘긴가?'라는 생각에 분을 삭였던 기억이 난다. 하하.

민경이는 얼짱 출신으로 처음 봤을 때는 노래를 못할 것 같다는 선입견이 있었다. 기대를 안 해서였는지 처음에 내 앞에서 노래를 할 때 진심으로 깜짝 놀랐었다. 고음이 조금 약했지만 깨끗한 미성에 노래를 꽤 잘 했다.

민경이는 '얼굴 하나 믿고 가수 한다'는 소리를 제일 듣기 싫어한다. 그래서 늘 연습을 게을리 하지 않는 악바리다. 〈불후의 명곡〉이라는 경연 프로그램에서 당당히 1등을 했으니 그 노력이 어느 정도인지 가늠할 수 있을 것이다.

민경이는 늘 배우고 싶어 하고 작곡, 작사 욕심도 많다. 그래서 자신의 앨범에도 직접 작업한 곡을 넣었을 정도로 뮤지션으로서의 노력도 아끼지 않고 있다. 대중적인 감각이 선천적으로 뛰어난 사람들이 있는데 민경이가 그런 타입이다. 앞으로 얼마나 많은 노력으로 작곡, 작사가로서도 빛을 발휘할지 기대가 된다.

PAPER 20

단 한 번의 녹음, 비 오던 그 날

작곡에 가장 큰 흥미를 느꼈을 때가 바로 다비치 친구들과 작업할 때였다. 〈사랑과 전쟁〉이란 곡으로 대박이 나서 내게 유명세를 가져다주기도 했지만 성공과는 별개로 내가 좋아하는 음악을 불러준 것도 그 친구들이었다.

어느 비 오는 날 모던 록 풍의 곡을 쓰고 있었다.(다비치와는 친남매처럼 지내고 있었던터라 다비치가 내 작업실에 놀러오는 일도 많았다.) 그 친구들이 놀러왔을 때 우연히 내가 작업하던 그 노래를 듣게 되었다. 처음엔 그냥 들어보라고 했는데 두 친구가 너무나 좋아해주었다.

"이 곡 우리 줘!"

그날 바로 단번에 다비치와 가이드 작업을 해서 회사에 보내주었더니 무척 좋아해 바로 앨범에 넣기로 결정이 됐다. 그곡이 애초에 다비치에게 갈 운명이었는지 녹음도 한 번에 불러 오케이. 때마침 비도 오고 분위기를 탔는지 감정을 적절히 살려 노래를 잘 했다.

가이드 이후에 편곡을 다시 재정비해서 기타를 치고 정식 녹음실에서 녹음해봤지만 그때의 그 느낌이 나오질 않아서 큰 마음먹고 그냥 가이드한대로 가게 되었다. 편곡에 쓰인 악기들도 기타 세션을 한 악기가 아니라 미디로 찍은 악기 그대로 앨범에 넣었다. 그러니까 드럼부터 기타까지 모든 것을 건반을 이용해 내가 직접 치게 된 것. 지금 생각해보면 그때가 아마 작곡의 매력에 푹 빠져 있었던 시기같다.

잊지못할 그 노래가 바로 〈물병〉이다.

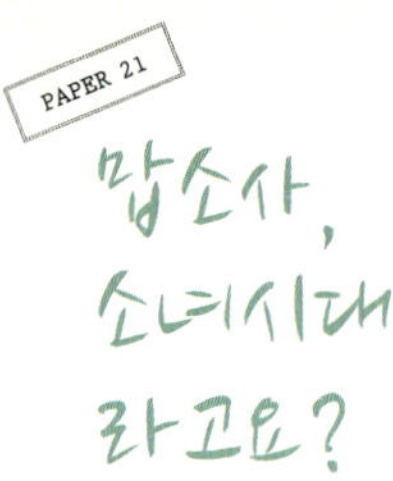

작곡으로 전향하던 시기에 제작자들을 만나 직접 곡 설명을 하고, 아이돌 가수의 경우에는 콘셉트까지 미리 잡아놓는 것이 큰 과제였다. 그래도 이 일을 열심히 할 수 있었던 건 바로 '재미'가 있었기 때문.

결국 무작정 부딪혀보는 게 최선이라고 생각되었다. 그러려면 제작자들과 편한 사이로 지내는 게 중요했다.

제작자들을 직접 만나러 다녔고, 쓴 곡을 들려주면서 직설적으로 평을 해달라고 했다. 별로다, 마음에 안 든다, 수준이 낮다, 심지어 '거지같다' 고 해도 상관없었다. 까짓 거 고치면 되는 것 아니겠는가.

그렇게 제작자들과 자유롭게 이야기가 되자 차츰 타이틀곡이 들어오기 시작했다.

많은 사람들이 내가 실패할 것이라고 말했지만 그 생각이 틀렸다는 걸 증명하고 싶었다. 나에게 '성공'이냐 '실패'냐는 크게 중요하지 않았다.

나 자신이 당당하고 나의 일로서 행복하면 그게 '성공'이었다.

사실 사심을 가득 담아 얘기하건데, 같이 녹음해보고 싶었던 마음속의 0순위는 바로 소녀시대였다. 하하하. 워낙 SM과는 인맥이 닿지 않아서 교류가 없었기 때문에 소망을 품고만 있었다.

그런데 생각보다 좋은 기회가 빨리 찾아왔다. 내게 영화 관계자들과의 미팅이 잦아졌을 무렵, 그때 좋은 사람들을 많이 만나면서 SM에 지인이 생겼고 서로 음악적인 교류를 하기 시작했다. 그때쯤 드라마 〈아이리스〉의 후속작인 〈아테나〉가 방송된다는 발표가 있었다. 그 공동 제작자인 한 사람과 친분이 있었는데, 〈아테나〉의 O.S.T로 곡을 써달라고 부탁을 해온 것이다.

사실 처음에 이 노래를 부를 가수가 확정되진 않았었다. 소녀시대의 태연이 유력했으나 일본에서의 O.S.T 공연 문제도 있었고 상당히 복잡한 문제가 엉켜 있어 바쁜 소녀시대의 스케줄로 인해 그것마저 확실치가 않았다.

한편으로 나는 드라마의 중요 장면 등을 보며 곡을 미리 준비했다. 그러던 중 최종적으로 내가 가장 작업해보고 싶었던 소녀시대 태연이 노래를 부르기로 확정!

맙소사! 소녀시대라니!

나는 두 팔을 번쩍 들고 만세를 불렀다. 게다가 나에게는 여러 모로 좋은 조건인데다 이 O.S.T가 나의 작사가에서 작곡가로서의 변신에 큰 도움이 될 것 같은 느낌이 들었다. 몇 날 밤을 새우며 〈사랑해요〉라는 곡을 만들었고, SM의 친구도 이 노래면 잘 되겠다고 응원을 해주었다. 바로 SM에서 들어가서 컨택을 받고 녹음이 결정 되던 날, 어찌나 신이 나던지 환호성을 질렀던 기억이 난다.

어찌 예뻐하지 않을소냐! 숨소리까지 따오다니!

태연의 〈사랑해요〉는 편곡을 어떻게 할지 며칠을 고민했는지 모른다. 노을 지는 섬에서 바람이 부는 바닷가를 바라보며 서 있는 상황을 표현하고 싶었고 아일랜드의 느낌을 주고 싶었다. 그래서 처음엔 미디악기로 찍었다가 결국엔 하림 형이 직접 아이리시 휘슬 Irish whistle(아일랜드 전통악기. 영화 〈타이타닉〉의 전주 및 간주에 사용.)로 리버브 효과(잔향)를 내어 더 웅장한 느낌을 주었다. 공간적인 느낌을 최대한 크게 하려고 어쿠스틱 피아노를 직접 치기도 했다.

멜로디는 아주 간단하게 만들었다. 드라마의 감정선을 그대로 이어나갈 수 있게 만들고 싶었기 때문이다.

녹음 날 긴장된 마음으로 SM으로 향했고 태연을 만났다. 사실 태연과는 안면이 전혀 없던 사이는 아니었다. 영수 형이 곡을 쓰고 내가 가사를 썼던 더 원&태연의 〈별처럼〉이라는 노래로 일면식이 있긴 했었다. 두 번째 보는 것이라서 그런지 대화하기도 편했다.

태연은 처음 가이드의 숨소리까지 따온 듯했다. 노래할 때 울지 않고 애틋한 감정으로 불러달라고 주문했었는데 〈사랑해요〉를 너무 잘 분석해서 자신만의 것으로 완벽히 소화해주었다.

녹음은 무려 30분 만에 끝이 났다. 대견함과 고마움에 나도 모르게 박수를 쳤다. 나는 태연이 그렇게까지 노래를 잘할 줄은 몰랐다. 사실 소녀시대하면 아이돌 그룹이란 편견이 있을 수밖에 없는데. 그러나 태연은 그 편견을 한 방에 깨주었다.

비록 드라마는 잘 되진 않았지만 태연의 노래는 많은 사랑을 받았고 음악 차트 1, 2위를 오가며 무려 세 달 동안 순위권에 머물렀다. 나에게 작곡가로서의 명예도 안겨주었다.

PAPER 23

히트곡 속 비하인드 스토리 1

가수 아이비와는 인연이 꽤 깊었다. 같이 작업을 한 적은 없었지만 회사의 다른 작곡가들이 그녀와 작업한 적이 많아 종종 만날 기회가 있었다.

어느 날 생각지 않게 나에게 곡과 가사 모두를 부탁하는 것이 아닌가. 당시 아이비의 상황이 좋지 않은데다 오랜만에 컴백을 해야 하는 상황이었기 때문에 나는 '보란 듯이' 잘 해내라는 각오로 곡을 썼다. 녹음할 때도 늘 밝고 힘 있는 아이비의 모습을 보면서 진심으로 응원을 했다. 지금도 여전하다. 곧 좋은 모습으로 함께하기를…….

오렌지캬라멜은 내가 정말 맡고 싶던 그룹이었다. 〈어떤가요〉는 오래 전에 써둔 90년대 발라드풍의 곡이었는데 기회가 되어 오렌지캬라멜에게 줄 수가 있었다. 멤버들이 워낙 어린데다 귀여운 느낌이 강해서 깊은 발라드보다는 감성적이고 예쁜 가사가 어울리겠다는 생각이 들었다. 그런 느낌으로 어린 소녀의 사랑 이야기를 써내려갔다. "내 나이가 어려서 사랑할 수 없나요?"라는 질문을 내던지는 당찬 소녀들의 이야기!

오렌지캬라멜 멤버와의 친분 덕분에 노래 디렉팅도 즐겁게 할 수가 있었다. 섬세하고 감정이 가득한 목소리의 나나와 애프터스쿨의 메인 보컬인 레이나, 소녀 감성이 물씬 풍기는 리지까지 〈어떤가요〉와 너무 잘 어울렸다. 이 친구들에게 얼마나 칭찬 세례를 퍼부어주었던지. 이 노래는 애프터스쿨 소속사의 신인 여그룹 중 '아라'라는 멤버가 다시 부르기도 했다.

알리의 〈사랑은 스쳐 가는 바람인가요〉는 사실 아직 미발표 곡이다. 이 노래는 사연이 참 많은데, 원래는 JYP의 JOO의 타이틀 경쟁곡이었다. 그때 〈나쁜 남자〉라는 곡과 붙었다가 안타깝게 선택되지 않았지만 내가 제일 아끼는 곡 중에 하나였다.

그러던 중 내가 출연하던 MBC FM 〈별이 빛나는 밤〉의 별밤 뽐

“오렌지캬라멜은 내가 정말 맡고 싶던 그룹이었다.
〈어떤가요〉는 오래 전에 써둔 90년대 발라드풍의 곡이었는데
기회가 되어 오렌지캬라멜에게 줄 수가 있었다.”

내기 코너에서 알리를 만났다. 노래를 정말 잘하는 친구라고 생각하고 있던 찰나, 때마침 곡을 달라고 요청을 해왔고 이 노래를 소화해낼 수 있는 친구는 알리밖에 없는 판단으로 노래를 보냈다. 다행히 회사에서도 알리도 무척 마음에 들어 해 녹음을 두 시간 만에 마쳤다.

이 노래는 제목 그대로 '사랑은 잡을 수 없는 바람 같다'는 의미를 내포하고 있다. 사람들이 흔히 사랑하고 이별하는 것처럼 자신들의 사랑도 그러하다고 얘기하는 노래다. 이 곡의 중점은 이야기를 들려주듯 노래하는 것이었기 때문에 알리도 그 점을 살려 녹음을 했다. 앞으로 이 노래가 발표되면 어떤 결과를 낼지 정말 궁금하다.

〈눈을 보고 말해요〉는 VOS의 데뷔 앨범에 있던 곡이다. VOS는 세 명 다 다른 보컬 톤을 가지고 있는 그룹이었는데 처음 느낀 이미지가 '다채롭다'였다. SG워너비의 〈사랑하길 정말 잘했어요〉라는 히트곡 다음으로 맡았던 작업이었기에 제2의 곡을 만들고 싶단 생각이 들어서 만든 곡이기도 했다.

그래서 곡을 쓰기 전에 제목을 먼저 만들었다. 연인들끼리 이별할 때 눈을 제대로 마주치지 못하며 미안해하는 상황이 생각나서 지은 제목.

이것을 바탕으로 '담담히 이별을 받아들이고 싶었지만 결국엔 이별하고 싶지 않다'는 마음을 보이는 한 남자의 이야기를 가사로 담았다. 그 결과 예상대로 성공을 거두었고 폭발적이진 않았지만 오랜 시간 많은 사랑을 받았다.

이 노래는 나에게 작은 메시지를 주기도 했다. 바로 제목의 중요성. 보통 가사를 써놓고 제목을 정하곤 하는데, 이 곡은 미리 제목을 정한 덕에 일관성과 짜임이 좋았던 것이 나에게는 앞으로의 과제로 다가오기도 했다.

PAPER 24

히트곡 속 비하인드 스토리 2

〈그녀는 바람둥이야〉는 사실 오래 전 가요계에서 일을 하던 친구에게 주었었다. 그 친구는 이 곡을 좋은 가수에게 꼭 주고 싶다며 나한테 기다려달라고 했었다.

그 친구에게 줄 당시 작사, 작곡에서부터 편곡까지 모두 완성되어 있는 상태였다. 완성된 노래를 불러줄 좋은 가수만 있으면 되었는데 베이비소울과 유지아가 그 주인공이 된 것이다.

베이비소울은 〈남보다 못한 사이〉로 이미 세상에 이름을 알린 멤버로 아주 조그마한 체구에서 뿜어져 나오는 파워풀한 보컬이 인상적이었다. 더 놀라웠던 건 이 친구가 메인보컬인 줄만 알고 있었는데 랩으로 캐스팅 되어 들어왔다는 사실이었다. 랩 메이킹도 직접 하는 모습을 보고 그 라임 실력에 또 한 번 놀랐다.

한편 유지아라는 친구는 청순하면서도 카리스마 있는 외모가 인상적이었지만, 왠지 노래는 들어봐야 겠다는 느낌이 들었다. 하지만 녹음 작업을 하면서 그 목소리 톤에 깜짝 놀랐다. 또한 이 친구는 능력을 끌어내면 끌어낼수록 좋은 소리가 나와서 조금만 다듬어주면 좋은 보컬이 될 것이라는 욕심도 들었다.

이 곡에 인피니트 동우가 랩 피처링을 하면서 묘미를 더욱 살렸다. 동우는 얼굴은 카리스마의 완결판인데 성격은 반대로 순하고 착해서 의외였다. 가끔 그 친구와 얘기하다가 폭소를 터트리곤 했던 것이 기억에 남는다.

정연주라는 친구는 내 조카의 후배로 예전부터 알고 지냈다. 사석에서 만날 때마다 좋은 배우가 될 것 같다는 생각을 늘 하곤 했는데, 결국 내가 연주의 프로듀서를 맡게 되었다. 어쩌다보니 연주 소속사의 대표인 이정일 씨와도 친분이 생겨 함께 길을 걷게 되었고.

연주는 원래 노래할 생각이 없었지만, 내가 잘 할 수 있는 게 음악밖에 없었기 때문에 어쩌다보니 노래를 하게 된 것이다.

〈또 또 또〉는 연주의 애절하면서 맑은 보컬 톤을 가장 잘 살린 곡이라고 할 수 있다. 그런 톤의 목소리는 처음 들어봤는데 너무 환상적이었다. 하하.

연주는 가수가 아니기 때문에 내가 직접 가사의 한 소절, 한 소절을 이해 시키면서 녹음을 해야 했다. 그러나 그녀는 다행히도 밴딩과 음정 등 한 번 가르치면 그대로 습득했다. 그렇게 연주와 2박 3일을 함께 보내면서 노래를 완성했다.(완성한 곡을 들었을 때의 그 짜릿함이란!)

얼마 전 드라마 〈드림하이2〉에도 캐스팅되면서 본격적인 연예계 진출을 앞둔 연주. 앞으로 연기면 연기, 노래면 노래 엔터테이너로 성장할 날을 기대한다.

“녹음을 할 때 내가 쓴 가사를
다 외워 불러주는 가수가 가장 고맙다.
그리고 눈을 감고 느끼는 듯 불러줄 때
나는 전율을 느낀다.”

Just once

안영민의
작사, 작곡 노트
"있는 것을 연주하지 마라. 없는 것을 창조하라."
- Miles Davi
Cort

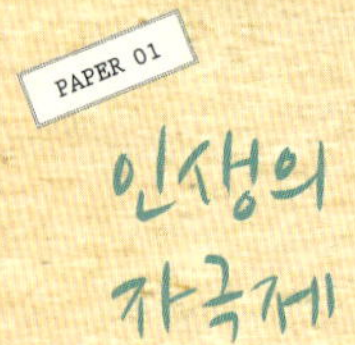

나의 스승이신 김형석 씨는 나를 향해 늘 웃어주는 온화한 분이다. 곡을 써 가면 잘 썼다고 칭찬과 격려를 아끼지 않으며 언제나 나에게 '채찍'이 아닌 '당근'을 주었다.

그러나 채찍은 분명 필요하다. 다행히도 그 역할을 주위의 여러 사람들이 해주었다.

김태우의 〈사랑비〉를 쓴 이현승 작곡가가 그 중에 한 사람이다. 그는 김형석 씨 밑에서 중학교 때부터 수제자로 꾸준히 활동하고 있었다. 그 어린 나이에 데뷔를 했다는 것 자체가 나에게 충격이 아닐 수 없었다. 나는 이현승 작곡가에게 자문을 구하고는 했는데, 심지어 옆에서 몇 시간이고 기다렸다가 내 곡을 들려주고 조언을 받았을 정도였다. 언제부턴가 마음 속으로 그 친구를 목표로 삼게 되었다.

'저 친구만큼만 되자!'

이현승 작곡가를 바라보는 것만으로도 채찍질이 되었다.

나에게 또 다른 채찍질은 '무시'였다. 사회 생활을 한 번 해본 분들은 알겠지만 누구에게 무시를 당한다는 것은 꽤나 서글픈 일이다. 모르는 게 있어서 물으면 그것도 모르냐며 핀잔을 주는 분이 있었다. 욕 아닌 욕도 해가면서 무시하기 일쑤였다. 나는 그런 사람들을 보며 상처를 받는 대신 이를 악물었다.

내가 제법 유명해졌을 무렵, 그 사람을 우연히 보게 된 일이 있었다. 그런데 그 사람이 나에게 존댓말을 쓰는 게 아닌가! 내심 통쾌했지만 한편 씁쓸한 일이었다.

김형석 씨는 일일이 가르치는 방식이 아니라 방목하면서 가르치는 스타일이다. 제작자들과 곡 이야기를 나눌 때도 항상 나를 데리고 다니면서 직접 보게 해주었다. 그런데도 실력이 늘지 않아 죄송하기도 했다. 결국 내가 열심히 하는 수밖에 방법이 없다는 걸 뒤늦게 깨달아서 평균 10시간 씩은 연습했던 것 같다.

영수 형은 나와 친형제같이 허물이 없었지만, 한편으로는 좋은 스승이 되어주기도 했다. 많은 곡을 빨리 쓰는 데 급급했던 나에게 늘 한 곡을 집중적으로 쓰라고 조언해주었다. 그리고 곡을 쓴 후 다시 들을 때 그냥 잘못된 것이 없는지 검사하듯 흘려 듣지 말고 남이 쓴 곡을 듣듯 객관적으로 들으라고 조언했다. 그때 이후로 작업할 때 내 곡을 수십 번씩 모니터 하는 버릇이 생긴 것 같다. 그렇게 듣고 나면 수정할 부분이 꼭 생기기 마련. 작곡이나 작사를 할 땐 끝까지 집중해서 하는 것이 참 중요하다고 깨달았다.

함께 일했던 근태 형은 현시대에 맞게 곡을 쓸 줄 아는 특출난 재주가 있는 작곡가였다. 음악에 대해서 아는 것이 많았고 비즈니스 수완에 있어서도 탁월했다. 기타리스트 출신이었기 때문에 기타를 치면서 나올 수 있는 특유의 멜로디들이 많았다.(나는 그 부분이 제일 부러웠다.) 한편으로 그는 영수 형과 나에게 기회를 가장 많이 제공해준 사람이기도 하다. 우리를 이끌어주었기에 나는 그에게 진심으로 감사하다.

김도훈 작곡가는 데뷔 전부터 만났던 사람이었다. 당시 내가 김도훈 작곡가의 곡을 무척이나 좋아했기 때문에 그의 팬 카페에 가입까지 했고, 그 후 내가 김형석 씨의 제자라는 사실을 밝히고 만나게 되었다. 옆집 아저씨 같은 인상으로 너무 친절하게 잘 대해주어 금방 친해졌다. 그가 이사할 때 이삿짐을 날라주기도 하고 그의 곡에 가이드를 해주기도 하면서 지금도 친하게 지내고 있다.

어느 날, 그의 작곡 노트를 우연찮게 발견하게 되었다. 그의 노력과 작곡 방법이 고스란히 담겨있는 노트. 그러나 차마 볼 수는 없었다. 맛있기로 유명한 음식에도 비밀이 있듯이 그 노트도 그러할 것 아닌가. 이렇듯 김도훈 작곡가는 늘 신선한 충격을 주는 사람이다.

'조언'보다는 '결과'로 생생하게 보여주는 좋은 사운드와 멜로디. 그것은 늘 뜻깊은 자극이 되었다.

PAPER 02

노래를 주기 위해 맨 먼저 하는 일

가수에게 노래를 줄 때 사실상 데모곡이 가장 중요하다. 데모곡에 사람의 목소리로 멜로디를 임시 불러 놓는 과정을 '가이드'라고 하는데, 이때 노래를 잘하는 가수가 부르는 것이 유리하다.

내 경우엔 다비치의 해리가 가이드를 몇 곡 불러주었는데 그 때문인지 좋은 가수들에게 어필되었던 것 같다. 해리의 감정이 멜로디를 잘 살려주기에 듣자마자 선택된 것. 그러므로 수많은 곡을 받는 인기가수들에게 데모 곡을 줄 때는 평범하게 시작되는 것보다 구두 소리, 천둥 소리, 빗소리 등 인상적인 앞부분을 만들어주는 것도 좋다.

또한 제작자의 성향을 미리 파악하는 것도 중요하다. 제작자마다 듣는 귀가 무척 주관적이기 때문에 내 곡을 처음 들려준 제작자가 싫다고 해서 실망할 필요는 없다. 다른 제작자는 그 노래를 좋아할 수 있으니. 그러니까 만약 A라는 가수에게 곡을 줬다가 쓰지 않더라도 B라는 가수가 불러서 성공할 수 있다는 말이다.

유명한 작곡가가 곡을 줄 때 확실히 유리하긴 하다. 하지만 요즘에는 유명 작곡가라고 해서 무조건 쓰지는 않는다. 한 곡에 올인 하는 디지털 싱글 시대이기 때문이다. 그야말로 제작자들에게는 예전과 다르게 한 곡, 한 곡이 중요해졌다.

대부분은 모든 곡을 완성한 상태로 보내는데 나는 1절만 보낼 때도 있다. 나름의 '궁금증 유발 전략'이다.(사실 위험한 방법이긴 하다.) 궁금해 하지 않으면 큰일이니까. 하하.

나는 가사도 쓰기 때문에 데모에 가사를 붙이기가 훨씬 수월한 편이다. 데모에는 영어보다 한글이 더 귀에 잘 들어오므로 한글 가사가 유리하다. 영어로 해야만 한다면 후렴 첫 부분만 한글로 해도 귀에 쏙 들어올 것이다. 이렇듯 데모 곡은 충분히 고민된 후에 나와야 하고, 준비되어 있어야 한다.

PAPER 03

드라마에 내 노래가 몇 번 나왔는지 체크해보셨습니까?

데모 곡을 보내서 채택되어 녹음을 하고 정식 음원으로 나오면 저작권이 나온다. 사실 작품을 만드는 사람들의 관심은 이 저작권이다. 공항, 백화점, 노래방 등 생각보다 많은 곳에서 저작권이 발생한다. 우리나라도 예전에 비해 많이 발전했기 때문에 열심히 곡을 쓸수록 저작권도 늘어난다.

저작권은 한국저작권협회Komca에서 처음 등록하게 되는데 홈페이지 http://www.komca.or.kr로 들어가면 자세한 방법을 알 수 있다.

작사, 작곡가들은 첫 작품이 나오자마자 꼭 저작권 등록을 해야 한다. 그러지 않으면 그 작품의 저작권을 받을 수가 없다. 이걸 몰라서 받지 못하는 사람들이 생긴다면 얼마나 억울하겠는가? O.S.T를 작업했을 때는 심지어 드라마에 내 노래가 몇 번 나왔는지 체크해서 보내주어야 한다. 사실 이것은 한국저작권협회에서 해줘야 할 부분이라고 생각한다. 이 문제에 대해서 작사, 작곡가들이 모여서 항의한 적이 있는데 앞으로의 추이는 지켜봐야 할 것 같다.

또한 노래가 발표되고 바로 그 다음 달부터 저작권료가 나올 것이라고 기대하면 안 된다. 노래 발표 후 최소 3개월 이후에 저작권료가 들어오기 때문.

처음에 내 곡의 저작권료는 5만 원이었던 것으로 기억한다. 그래도 그때는 아이처럼 기뻤었다. 음악을 시작하고 얻은 내 첫 수입이 아닌가. 초창기에는 작곡, 편곡비가 제일 큰 생계수단이었는데 작품을 많이 할수록 저작권료가 나의 생계수단으로 바뀌었다. 10년 동안을 휴가 한 번 안 가고 곡만 썼으니 꽤 넉넉하게 저작권료를 받을 수 있었다.(무려 1년 동안 70곡 이상을 작업했을 때도 있었다.) 그 많은 곡들이 쌓이고 쌓여서 지금은 400곡이 넘게 되었다. 아무 것도 아닌 것처럼 보이지만 모이면 큰 힘을 발휘할 수 있다.

PAPER 04

자신 있는 표정으로 잘 부탁합니다!

요즘은 작사가, 작곡가, 편곡가로 데뷔하는 방법이 여러 가지다. 예전에는 뚜렷한 경로가 없어 입문하기 어려웠지만 이제는 달라졌다. 작사, 작곡을 전문으로 가르쳐주는 실용 음악 학원도 많이 생겼고 〈나는 작사가다〉라는 작곡가 김형석 씨의 오디션 프로그램도 생겼지 않는가. 뿐만 아니라 인터넷으로도 데모를 보낼 수 있고, 유명한 기획사들의 주소도 많이 공개되어 있어서 직접 가서 전달하기도 한다.

주의할 것은 관계자들에게 비호감이 되면 좋지 않기 때문에 절대 귀찮게 굴어서는 안 된다. 자신의 곡이 담긴 CD를 전달하고 구걸하

는 것처럼 꼭 들어달란 말보다는 '자신 있다'는 표정으로,

"잘 부탁합니다!"

이렇게 한마디 하고 나오는 것이 훨씬 더 신뢰가 간다. 그러나 우리 회사처럼 작곡가들이 많은 회사에는 오히려 데모를 보내지 않는 것이 낫다. 사실 데모가 와도 듣지 않는 경우가 많다. 왜냐하면 우리가 그 데모를 듣고 멜로디가 귀에 남을 수도 있고 비슷한 멜로디를 이미 써놨을 수도 있어 괜한 오해를 살 수도 있기 때문이다.

그리고 곡을 보낼 때 굳이 여러 곡을 담을 필요가 없다. 발라드와 댄스 중에 가장 자신 있는 곡으로 두 곡 정도 골라 담으면 충분하다. 여러 곡을 준다는 것은 그만큼 '자신 없다'는 식으로 비춰질 수 있을 뿐더러 곡이 많으면 일단 듣기가 싫어지기 때문이다. 그러므로 한 곡에 최선을 다한다는 느낌으로 작사와 작곡을 하고 편곡을 해야 한다.

PAPER 05

오디션을 잘 보는 법

요즘 오디션 프로그램들이 활개를 치고 있는데 참가자들에게 당부하고 싶은 말이 있다. 일단 전문가에게 검증을 받기에 앞서 준비된 자세를 갖추어야 한다. 내가 오디션 프로그램 〈위대한 탄생〉에서 심사를 500명 가까이 본 결과 참가자의 90%가 준비되지 않은 사람들이었다. 대부분이 '노래'를 하고 싶어서가 아닌 '스타'가 되기 위해서 온 듯 보였다.

우선 가장 기본적인 가사를 외워오지 않으면 무조건 탈락이라고 생각하면 된다. 준비성이 없고 진지함이 결여됐다고 판단되기 때문이다. 또한 가사의 핵심을 알고 '이해'해서 부르는 것과 '그냥' 외우는 것의 차이도 크다. 그러므로 한 노래를 깊이 파고드는 습관이 중요하다.

또 노래에서 가장 크게 실수하는 부분 중 하나가 바로 끝 음정 처리다. 노래의 끝을 항상 플랫(♭)시키는 사람들이 많은데 노래를 대충 부른다는 느낌밖에 안 든다. 매사에 처음과 끝이 중요하듯 음정도 끝 처리를 잘 해줘야 전체적으로 안정감을 줄 수 있다.

또 '바이브레이션'이라고 하는 목소리의 떨림을 주는 창법이 있는데, 이것이 불안한 사람들이 많다. 즉, 안정감 있는 웨이브가 필요하닥는 것이다. 그것은 연습만이 해결해줄 수 있다.

자신의 노래 실력을 객관적으로 판단할 수 있는 제일 좋은 방법은 녹음을 해서 자신의 목소리를 들어보는 것이다. 누구라도 자신의 목소리를 들으면 단점을 발견하기 쉽다. 그 부분을 고쳐가면서 재차 녹음을 해보면 큰 도움이 된다. 어떤 사람들은 노래 연습을 노래방에서 하기도 하는데 전혀 도움이 되지 않는 방법이다.

노래방에서 연습을 꼭 하고 싶다면 리버브reverb(울림이 있는 반사음 효과)를 전부 빼야 한다. 소리가 울리게 되면 자신의 목소리를 정확히 모니터할 수 없을 뿐더러 목이 상하기도 한다. 이럴 땐 아주 최소한의 장비를 가지고 집에서 녹음을 해보며 연습하는 것이 가장 좋다.

개인적으로 내가 좋아하는 노래 스타일은 '이야기를 하듯이' 노래하는 것이다. 노래를 부르는데 '감동'이 없으면 안 된다는 말이다. 슬픈 노래를 하는데 노래만 잘 한다는 생각이 들고 슬픔이 느껴지지 않으면 그냥 노래 자랑일 뿐. 그래서 가사를 잘 이해하고 감정을 담아 듣는 이에게 이야기를 하듯이 노래를 해야 한다.

가수 김장훈 형님의 노래를 참 좋아한다. 뛰어난 기교도 없고 정교한 창법을 구사하는 것도 아닌데 노래를 들으면 왜 눈물이 날까? 그것은 이론으로 설명할 수 없는 감정의 표현 방법인데 난 이런 창법에 점수를 후하게 주는 편이다.

이야기하듯 노래하라!

마지막으로 오디션 준비생들에게 가장 당부하고 싶은 말이 있으니 꼭 새겨들어주길 바란다.

많은 사람들이 오디션을 볼 때 '작곡가'가 심사위원이면 그 작곡가의 곡을, '가수'가 심사위원이면 그 가수가 부른 곡을 불러 잘 보이고자 작전을 쓰는 경우가 종종 있다. 물론 그렇게 되면 작곡가나 가수는 기분이 좋지만 그것도 순간이다. 그 곡을 쓰고 노래를 부른 사람들은 그 노래에 대해 구석구석 잘 알고 있기 때문에 어설프게 노래를 했다가는 단점만 더 선명하게 드러난다.

상상해보라. 그 가수는 몇 백 번에서 몇 천 번을 부르고도 남았을 터! 이제 이해가 쉬워지는가? 그러니까 심사위원들과는 상관없는 노래를 하는 것이 훨씬 유리하다.

PAPER 06

계절과 냄새까지도 그려라

작사를 처음 시작했을 당시에는 시적으로만 쓰려고 노력했었다. 물론 시적으로 쓰는 게 나쁘다는 것이 아니다. 하지만 음악과는 별개로 멋있게만 쓰려고 했다는 게 실수라는 생각이 든다.

가사는 음악과 함께 써야 한다. 멜로디의 흐름과 분위기에 맞지 않는 가사를 쓴다면 내용이 아무리 심미적이더라도 그 곡에 마이너스가 된다.

작사를 하는 사람들은 곡의 흐름과 구성, 멜로디를 정확히 숙지하고 있어야 한다. 그래야 가사도 기승전결의 표현이 정확하게 완성된다. 물론 장르마다 각각의 특색이 있겠지만 전체적인 흐름을 인지하고 있어야 한다는 건 기본적인 '룰'이다.

내가 가장 즐겨 쓰는 방법은 일단 가사를 써야 할 곡을 수십 번, 많게는 수백 번도 틀어놓고 주입하는 것이다. 멜로디와 분위기가 어느 정도 파악이 되었다면 눈을 감고 그 음악을 듣기 시작한다. 먼저 내 머릿속에 두 사람의 연인을 떠올린다. 그리고 두 사람의 행동과 말, 그리고 주변에 놓인 물건들, 심지어 계절과 냄새까지 상상되는 모든 것을 종이에 옮겨 적는다. 그리고 눈을 떠서 떠올랐던 단어들을 조합시켜 하나의 스토리로 만든다. 이 방법으로 작업하면 아주 빠르고 재미있게 가사를 쓸 수 있다.

이렇게 썼던 작품 중 나윤권과 별의 〈창문을 열어놓고〉가 대표적인 예다. 차 안에서 곡을 듣다가 두 연인의 이별 장면이 떠올랐고, 그것을 현실적으로 묘사했다. 음악을 들으며 상상했던 두 사람의 대화, 행동, 그 모든 것들을 그대로 옮긴 가사다.

발라드와 R&B, 댄스곡은 가사를 쓰는 방식이 서로 다르다. 발라드는 주로 '연인'을 떠올리며 쓰지만 R&B나 댄스곡은 '발음' 위주로 작업을 한다. 곡의 리듬을 잘 살리는 발음들이 따로 있는 반면 곡의 리듬을 망치는 발음도 있다. 댄스곡을 쓸 때는 적재적소에 좋은 단어들을 배치하는 것이 필수라고 할 수 있다. 내 노래 중 빅뱅의 〈눈물뿐인 바보〉가 그 예다. 느린 R&B 발라드긴 하지만 음절의 수가 상당히 많고 발음이 멜로디와 부딪혔을 때 노래를 부르기가 아주 어려워지는 특성이 있었다. 그래서 '내용'이 아닌 '발음' 위주로 쓴 노래다.

데모곡에서는 말도 안 되는 영어로 노래를 일단 불러놓는 과정을 거치는데, 그 발음들이 노래와 아주 잘 들어맞을 때가 종종 있다. 그래서 데모곡에서 그 발음과 유사한 단어들을 찾아내 내용에 맞게 가사를 쓰는 것도 좋은 방법.

멜로디가 귀에 쏙 들어오기 위해서는 라임을 맞춰주는 것도 중요하다. 라임은 보통 힙합 장르에서 랩을 할 때 많이 쓰는 기술인데 멜로디에 썼을 때도 좋은 효과를 나타낸다.

〈눈물뿐인 바보〉라는 노래 가사를 인용해보겠다.

'많이 아파서 너무 화나서'

'너의 두 눈에 너의 입술에 그 안에 내가 살고 있었는데'

'사랑한 기억이 나를 붙잡고 좋았던 말들이 나를 울리고'

위 가사는 모두 라임을 일부러 맞춘 것이다.

그리고 높은 음역대거나 후렴 부분일수록 '받침이 없는 단어들'이 유리하다. 그래서 일본 노래들을 부를 때 쉽게 느껴지는 점도 이런 이유다.

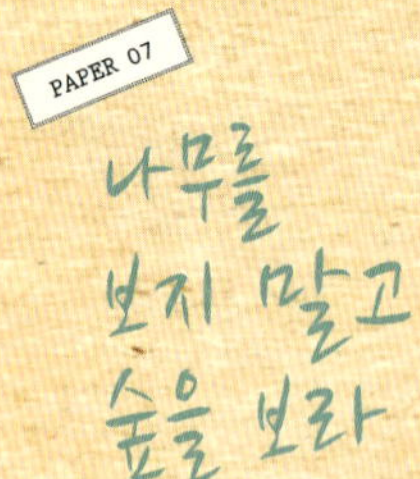

가사를 다 썼다고 생각되면 바로 수정에 들어갈 필요는 없다. 그 다음 날 전체적으로 다시 보게 되면 자연스레 수정할 부분들이 눈에 보이기 마련이다. 스트레스를 받으면 오히려 생각이 많아져 억지로 고치기 때문에 바로 수정하기보단 머리를 깨끗이 비우고 가벼운 마음으로 가사를 다시 훑어 보는 것이 좋다. 나무를 보지 말고 숲을 보라는 것과 비슷한 맥락이다. 수정할 때는 한 단어 한 단어를 집중적으로 보는 것이 아니라 전체적인 맥락을 살피며 수정해야 기승전결이 완벽해진다.

또한 작사가에게는 좋은 작곡가가 필요하다. 물론 한 사람이 작곡, 작사를 동시에 하는 경우도 있으나 대부분 작곡가들은 곡을 미리 만들어놓고 작사는 전문가에게 맡기는 시스템이다. 그러므로 좋은 파트너를 만나는 것은 서로에게 이득이다. 멜로디가 좋아야 히트하는 것은 당연한 일이고 요즘에는 가사도 대중들이 많이 보기 때문에 좋은 작사가 또한 중요하다.

자신과 잘 맞는 작곡가를 찾았다면 그 곡에 더 최선을 다하고 신경을 써야 한다. 그러기 위해서는 다양한 지식과 경험들이 필요하다. 영화를 보며 영감을 얻어도 좋고, 사랑과 이별을 직접 경험해보거나 다른 누군가의 경험을 듣고 그것을 토대로 써도 된다. 작사가들은 늘 소재를 생각하고 고민해야 하며 아이디어를 일상에서 찾아야 한다.

어느 누가 들어도 '아! 이 노래가 내 얘기를 하고 있구나!'라는 생각이 들어야 좋은 가사다. 사람들이 공감할 수 있는 음악을 만드는 것이 진정한 대중음악가의 역할이라고 할 수 있겠다.

PAPER 08

반복을 쓰면 강하게 머리에 남는다

개그맨들이 웃음을 주기 위해 기본적으로 쓰는 스킬이 '반복'이란 것을 아는가? 노래도 마찬가지다. 반복을 할수록 기억에 남는 건 당연한 이치인데 간과하고 넘어갈 때가 많다. 발라드는 좀 다를 수 있지만, 댄스곡에는 제일 중요한 것이 반복이다. 그러나 너무 뻔한 단어라면 자칫 지루해질 수 있으므로 주의해야 한다.

보통 후렴 부분에 반복이 쓰이는데 후렴 가사가 서로 다르면 기억에 남지 않을 수 있다. 쉽게 얘기해서 가사가 1절, 2절, 후렴 부분이 각각 다른데 사람들이 노래를 따라 부를 수 있겠냐는 것이다. 후렴은 한 번만 들어도 이해하기 쉽고 바로 따라 부를 수 있는 가사여야 좋다. 그리고댄스곡에서는 'ㅋ, ㅊ, ㅌ' 등 센발음이 좋다. 그리고 'ㅆ, ㅉ' 등 된발음도 노래에 힘을 줄 수 있다.

슈퍼주니어의 〈Sorry Sorry〉를 예로 들어보자. 영어긴 하지만 '쏘리쏘리쏘리'란 된발음이 편하기도 하고 단어에 힘도 실리기 때문에 귀에 더 들어오는 것이다. 만약 된발음을 쓰지 않았다면 밋밋한 곡이 되었을 수도 있다. 이 노래에서도 반복이 있다.

Sorry, Sorry

작사, 작곡 | 유영진

Sorry Sorry Sorry Sorry
내가 내가 내가 먼저
네게 네게 네게 빠져
빠져 빠져 버려 baby
Shawty Shawty Shawty Shawty
눈이 부셔 부셔 부셔

숨이 막혀 막혀 막혀

내가 미쳐 미쳐 baby

이 노래에서 알 수 있듯이 '쏘리 쏘리'와 '내가 내가', '네게 네게', '빠져 빠져' 등의 가사가 비슷한 발음들로 반복하고 있다. 이렇게 되면 노래가 귀에 쏙 들어오고 따라 부르기도 쉬워진다.

'눈이 부셔 부셔 부셔'와 '숨이 막혀 막혀 막혀'의 공통점을 찾았는가? 그렇다. '부셔'와 '막혀'의 공통점은 'ㅕ'의 발음이다. 이렇게 자모에 같은 모음을 사용하게 되면 반복적인 효과를 줄 수 있다.

소녀시대의 〈Gee〉를 살펴봐도 그렇다.

너무 반짝 반짝 눈이 부셔 No No No No No

너무 깜짝 깜짝 놀란 나는 Oh Oh Oh Oh Oh

너무 짜릿 짜릿 몸이 떨려 Gee Gee Gee Gee Gee

앞서 설명한 슈퍼주니어의 〈Sorry Sorry〉와도 비슷하게 여기서도 '반짝'과 '깜짝'이 같은 자음과 모음을 사용하여 반복을 주고 있다. 그

뿐만 아니라 'no no no'와 'oh oh oh', 'gee gee gee' 등과 같은 단어의 반복 또한 쉽게 노래를 이해하고 따라부를 수 있는 포인트가 된다.

댄스곡은 어린 아이부터 나이 드신 어른까지 폭 넓게 사랑받을 수 있어야 히트곡이 될 수 있으므로 반복이 그만큼 중요하다.

PAPER 09

가수의 이미지에 따라 가사도 달라진다

처음에 곡 의뢰가 들어왔을 때는 가수의 이미지, 그리고 무대를 생각하면서 작곡을 하고 가사를 쓰는 것이 좋다.

내가 SG워너비의 가사를 쓴다고 생각해보자. SG워너비의 무대는 늘 꽉 찬 오케스트라가 함께 등장하여 웅장한 분위기가 묻어나기 때문에 될 수 있는 한 가사도 크고 넓게 쓰게 될 것이다. 단어들을 선택할 때도 현실적인 것들보다는 시적인 표현들 아니면, 포괄적인 단어들 위주로 나올 것이며 실제로 나도 그렇게 썼다.

또한 SG워너비의 음악은 클래식 느낌의 피아노를 사용하여 작곡하는 것이 좋다. 또한 어쿠스틱한 악기들과 잘 어울리기 때문에 그 점을 참고하여 곡을 만들곤 했다.

반대로 이효리의 앨범 제의가 들어왔다면 어떨까? 그녀의 이미지에 걸맞게 가사도 섹시 콘셉트나 진취적인 여성상 등을 표현해야 할 것이다. 내가 작업했던 곡 〈그녀를 사랑하지 마〉와 〈빨간 자동차〉 같은 경우만 봐도 알 수 있다. 사실 이효리 하면 강렬한 빨간색 스포츠카가 떠오르지 않는가? 그래서 그 차를 타고 여행을 하는 〈델마와 루이스(1991)〉 영화 이미지를 생각했다. 자신이 꿈꾸는 것을 해내고 마는 진취적인 여성의 이미지를 표현하고 싶었던 것이다.

또한 앞서 언급했지만 양현석 대표가 '제2의 서태지와 아이들'을 만들겠다고 해서 신인 시절 때의 빅뱅을 맡았던 적이 있다. 그 친구들은 다섯 명의 색깔이 극명하게 달라 그 점을 고려하면서 작업을 했다. 전체적으로 빅뱅이 갖는 특유의 이미지와 개성을 살리는 가사를 썼다.

개성이 강한 싸이나 노라조 같은 경우에는 특히나 더 이미지를 생각하면서 써야 한다. 싸이는 워낙 독특하고 표현력이 남다르기 때문에 보통 사람들이 쓰는 단어보다 더 혁신적인 가사들이 나오는 것이 좋다. 쉽게 얘기해서 '어지러워'라는 가사를 쓰기보다는 '돌아버리겠네'라고 쓰면 좀 더 센 표현이 돼서 싸이의 이미지에 어울린다는 얘기다.(물론 싸이는 작사, 작곡 모두 스스로 잘하기 때문에 가사 제의가 쉽사리 들어오지 않겠지만)

노라조 같은 그룹의 가사를 제의 받았다면 사차원적인 생각을 많이 해야 한다. 그들의 앨범에는 정말 신선하고 재미있는 가사들이 많다. 〈슈퍼맨〉이라든지 〈카레〉라는 곡을 한 번쯤은 들어봤을 것이다. 이런 독특한 가사들은 사실 듣기에는 쉬워도 쓰기는 참 어려운데 생각을 재미있게 하는 사람들이 그에 맞게 잘 쓰는 것 같다. 항상 진지한 발라드 가사만 쓰다가 노라조 풍의 톡톡 튀는 가사를 쓴다면 감옥에 갇혔다가 풀려난 기분이 들것 같아 나도 한 번쯤 작업해보고 싶은 팀이다.

사실 발라드라는 장르는 가사와 멜로디에 승부를 걸기 때문에 무대를 생각하는 경우는 거의 없다. 하지만 댄스곡을 쓰는 작곡가들은 가수의 이미지와 무대를 늘 생각해야 한다. 요즘엔 작곡가들이 가수의 스타일부터 무대 콘셉트, 심지어 안무까지 짜서 제작자들에게 보여주는 경우가 많다. 그래야만 제작자들도 확신이 생기고 나아가야 할 방향도 쉽게 잡히기 때문이다. 그러므로 댄스곡을 쓰는 작곡가들은 문화 전반에 걸쳐 공부도 많이 해야 하고 다방면으로 경험을 쌓아야 한다.

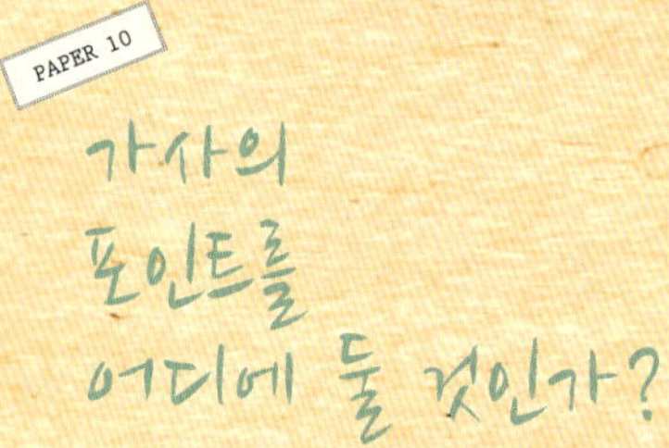

가수가 노래를 부를 때 가장 신경써야 할 것이 무엇이라고 생각하는가? 바로 노래의 '강약 조절'이다. 가수가 노래할 때 처음부터 끝까지 세게만 부른다면 혹은 약하게 부른다면 시끄럽기만 하거나 지루하게 들릴 것이다.

가수가 노래에 강약 조절로 곡의 기승전결을 알릴 수 있듯 노래 가사와 멜로디를 쓸 때도 마찬가지로 강약 조절이 중요하다. 노래의 앞부분에선 잔잔한 멜로디로 진행되더라도 후렴에서는 터지는 멜로디와 편곡법이 중요하다는 얘기다. 편곡이 아무리 터져도 멜로디가 잔잔하면 지루하고 멜로디는 터지는데 편곡이 잔잔하면 노래가 부담스럽게 들릴 것이다. 그러므로 멜로디와 편곡이 한 번에 터져야 곡의 하이라이트를 확실히 보여줄 수 있다. 여기서 주의할 점은 앞부분을 꼭 잔잔하게 주어야 클라이맥스가 돋보인다는 것이다. 가사가 그런 멜로디 구조를 더욱 돋보이게 하는 중요 요소. 그런 의미로 노래의 도입과 후렴이 제일 중요하다고 생각한다.

사람들은 노래 가사의 전부를 기억하지 못하고 하이라이트만 기억한다. 가사에 어떤 단어를 사용하느냐에 따라 노래가 히트가 될지 그러지 못할 지 결정된다. 특히 후렴 부분의 첫 단어가 가장 기억에 남기 쉽다. 따라서 이해하기 쉽고, 따라 하기 쉬운 가사를 붙이는 것이 그만큼 더 히트 하는데 유리하다.

내 노래 중 다비치의 〈사랑과 전쟁〉이란 노래가 있다. 후렴 부분의 가사가 '두 번 다시 바람 피지 마'였다. 지금도 대중들은 가사의 앞부분보다는 후렴 부분의 가사를 더 잘 외우고 있을 것이다. 하지만 내가 그 부분을 '너를 정말 사랑했는데' 와 같은 흔한 표현을 썼다면 사람들의 기억에 남았을까?

가사의 포인트는 한 여자가 남자친구에게 다른 여자와 '바람'을 피우지 말라고 말하는 것. 따라서 '바람'이라는 단어를 후렴 첫 소절에서 표현해주어야만 그 노래가 이야기하고자 하는 것을 단번에 표현할 수 있다.

어떤 사람은 내가 만든 노래를 길거리를 지나다 중간부터 들을 수도 있고, 차 안에서 무심코 라디오를 틀었는데 마지막 부분만 들을 수도 있다. 그래서 가사에 포인트 되는 단어가 없으면 그냥 지나쳐버리기 쉽다. 하물며 사람들은 드라마도 전체 내용을 다 기억하지 못한다.

종영된 드라마 〈시크릿 가든〉을 예로 들어보자. 길라임의 거품 키스가 화제가 되었을 때 사람들은 '거품 키스'를 왜 하게 되었는지, 앞뒤 스토리는 관심이 없다. 오로지 화제가 된 '거품 키스'만 기억한다. 하이라이트 장면 하나가 그 드라마의 전체 만족도를 더 높여준다는 연구 결과도 있듯 노래도 하이라이트가 그만큼 필요한 것이다.

때로는 가사의 도입 부분이 포인트가 되는 경우도 있는데 백지영의 〈총 맞은 것처럼〉이 그렇다. 만약 백지영이 '이별한 것처럼'이라는 평범한 단어를 써서 제목을 지었다면 그 노래가 과연 그만큼 주목받았을까? 가사가 임팩트 있을수록 주목을 받고 히트곡이 될 확률이 높다. 물론 임팩트만 신경을 쓰다 가사 전체가 중심을 잃어버릴 수 있으니 조절을 잘 해야 한다.

가사에 임팩트 있는 단어를 사용하기로 했다면 다른 부분들은 감성적으로 잘 채워야 전체적으로 과장된 느낌이 들지 않는다. 물론 잔잔한 음악들에서는 감성적인 것이 필요하기 때문에 사실상 강조는 필요 없다. 그러나 댄스곡은 강조를 많이 하는 것도 좋은 방법인데 앞서 언급했던 '반복'으로 강조를 할 수도 있으니 평소에 좋은 단어들을 많이 모아두는 것이 필요하다.

PAPER 11

잘 지은 제목 하나 열 가사 안 부럽다.

작사에 있어 '제목'의 중요성은 두말할 필요가 없다. 제목은 노래를 듣기 전에 내용을 상상하게 만드는 중요한 요소이기 때문에 작사가가 가장 많이 신경을 써야 하는 것 중의 하나다. 내가 제일 덕을 봤던 제목은 〈사랑하길 정말 잘 했어요〉와 〈눈을 보고 말해요〉다.

제목을 잘 지으려면 평소 메모 습관이 결정적으로 중요하다. 길을 가다가도 밥을 먹다가도 좋은 단어, 좋은 소재들이 보이고 들리기 마련이다. 바로 바로 생각날 때마다 핸드폰이나 메모장에 적어놓고 차근차근 모아두면 작사를 하는 사람들에게는 든든한 자산이 된다.

제목을 잘 지으면 가사를 쓰는 것도 훨씬 수월해질 수 있으므로 참고하자! 후렴구 첫 소절의 단어를 제목으로 하는 경우도 있는데, 좋은 방법이다. 사람들은 노래를 들을 때 후렴 부분이 가장 기억에 남기 때문이다.

PAPER 12

악기와 취미는 작곡가의 필수요건!

작곡가는 악기를 적어도 하나 이상 다룰 줄 알아야 한다는 말이 있다. 만약 악기를 다루지 못하면 편곡에서의 한계점에 도달하기 때문에 작곡가로서는 치명타다. 한 곡에 많은 코드code를 쓰는 게 좋은 것은 아니지만 편곡에서는 상당히 중요하다. 아직도 많은 사람들이 편곡을 단순히 '멜로디 수정'이라고 생각하는데, 편곡은 쉽게 말해 노래방에서의 '반주'라고 생각하면 된다. 또한 편곡에 따라 노래의 분위기가 많이 달라지기도 한다. 〈나는 가수다〉라는 프로그램을 보면 가수들이 음악을 리메이크해서 부르지 않는가? 그게 바로 유명 곡을 편곡하여 부르는 것이다.

누구나 곡을 쓸 수 있다. 하지만 누구나 '좋은 멜로디'를 쓸 수 있는 것은 아니다. 작사가나 작곡가는 남들과는 다른 생각을 할 수 있어야 하며 좋은 감성을 가질 수 있도록 항상 노력해야 한다. 작곡은 장르에 따라서 '희노애락'을 표현할 수 있다. 발라드, 재즈, 댄스, 록 등 많은 장르가 있지만 굳이 전체적인 장르를 다 할 필요는 없고 자신에게 맞는 장르를 하는 것이 가장 좋다.

작곡할 때는 머리를 식히는 자신만의 방법을 찾는 것도 매우 중요하다. 스트레스를 받은 상태에서 좋은 곡이 나오기 어렵기 때문이다. 나는 스트레스를 받은 상태에서는 곡을 쓰지 않고 그냥 자버린다.

충분히 자면 뇌에 숨 쉴 수 있는 시간을 주기 때문인지 집중도 잘되고 곡이 더 잘 나오는 법. 뇌의 활동량이 많아지면 많아질수록 곡을 더 세밀하게 쓸 수 있다. 이런 방법 외에도 다른 취미 생활 등 자신만의 방법을 찾는 것이 중요하다.

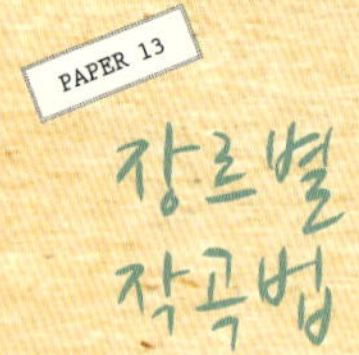

발라드를 작곡할 때는 '감성'이 제일 중요하다. 물론 대중들이 가장 좋아하는 코드를 쓰면 좋기야 하지만 그래도 곡에 자신만의 감성이 녹아 있어야 한다.

나는 드라마나 영화를 보면서 감상에 빠지는 것을 좋아하는데 봤던 작품에서 느꼈던 감정을 그대로 악보에 옮기기가 참 힘이 든다. 그래서 '경험'이 중요하다. 많이 써보고 자신의 곡을 남의 곡을 듣는 것처럼 유심히 듣다보면 내 곡의 단점이 보이고 들리게 된다. 그런 식으로 많이 쓰고 듣는 것은 분명 곡의 완성도를 위해서도 좋다.

지금의 발라드는 예전과 다르게 섹션도 많아졌으며 필인Fill-in(드럼 연주할 때 필요에 의해 여러 가지 테크닉으로 일정 박자 동안 연주하는 애드립)과 곡의 구성도 다양해졌다. 하지만 발라드에서 제일 중요한 것은 멜로디기 때문에 편곡은 나중에 생각해도 된다. 일단 좋은 멜로디를 만드는 것이 중요하다. 내 스승인 김형석 씨는 습작을 많이 모아놓으라고 매번 강조하셨다. 생각해보라. 그 멜로디가 10년 후에 가수들에게 갈 수도 있다고 생각하면 소름끼치지 않은가? 발라드는 오랜 시간이 지나도 촌스럽지 않으므로 일단 곡을 쓰게 되면 무조건 모아두는 게 좋다.

댄스는 그냥 좋은 멜로디만 쓴다고 해서 끝나는 것이 아니다. 편곡부터 가사의 콘셉트, 제목, 가수의 패션까지 고려해야 할 사항이 너무나 다양하다.

아이돌 음악 시장이 커지면서 댄스 작곡가들의 위상이 높아지기고 있다. 그래서 처음엔 나도 댄스 음악을 시작하긴 했지만 역부족이었다. 일단 댄스 작곡가들의 센스를 따라가기가 어려웠다.

내가 발라드 작곡가였기 때문에 그랬을 수도 있지만 댄스곡은 편곡의 힘이 엄청나다. 댄스 작곡가로 유명한 신사동 호랭이 같은 경우 클럽 DJ 출신이었기 때문에 소스를 고르는 감각이 좋았고 샘플링Sampling(어떤 곡의 모티브를 인용하여 새로운 음악을 만들어내는 것)을 센스 있게 쓰는 법을 알았다.

댄스 작곡가들은 아이돌 그룹의 콘셉트를 미리 짜고 안무뿐만 아니라 뮤직비디오 콘셉트까지 제작자들과 같이 상의한다. 댄스 작곡가들끼리 팀을 짜서 활동하기도 하는데 그것이 얼마나 중요한지는 직접 활동해보면 알게 된다. 신사동 호랭이는 최규성이란 작곡가와 한 팀을 이루어 활동한다. 서로의 약점을 보완하면서 가는 것이다. 나도 아이돌 음악을 할 때는 작곡가 이유진이나 'Stay Tuned'라는 팀과 돌아가면서 작업한다. 그들과 내 음악이 합쳐졌을 때 혼자 하는 것과는 차원이 다른 시너지가 나오기 때문이다.

무엇보다 댄스는 음악을 제대로 듣는 것이 중요하다. 여러 음악의 사운드를 체크하고 어떻게 자신만의 색깔로 녹여내느냐가 댄스 편곡의 관건이다.

재즈는 공부할 게 참 많다. 기본적인 텐션Tension(텐션노트의 줄임말. 기본 화음의 구조 위에 3도씩 쌓아 만들어진 비화성음을 포함한 화음 밖의 음)부터 알아야 할 지식이 많은 장르다. 그래서 쉽게 생각하다가는 큰코다칠 장르가 바로 재즈다. 나 역시도 제일 공부 해보고 싶은 장르긴 하나 지금은 섣부르다는 생각이 들어 엄두를 내지 못하고 있다. 재즈는 음악적인 이해가 꼭 필요하며 전문적으로 공부를 많이 해야 하는 장르기 때문에 철저한 사전 준비 후 시작하는 것이 좋다.

재즈 안에서도 다양한 리듬과 연주법이 있는데, 센스 있게 작곡에 적용하려면 평소 여러 음악을 많이 듣는 것이 도움이 된다.

트로트는 쉽게 보는 사람들이 참 많은데 절대 그렇지 않다. 트로트의 섹션Section(멈췄다가 다시 시작하는 부분, 혹은 특이한 리듬 부분)과 연주법을 자세히 듣다 보면 정말 놀라울 정도의 편곡을 보여준다. 네 마디가 지날 때마다 나오는 화려한 섹션들과 트로트만의 멜로디들 감히 우리 젊은 작곡가들이 범접할 수 없는 무언가가 있다는 것을 알게 된다.

트로트는 우리나라 국민들의 정서가 가장 많이 담겨 있는 장르라고 할 수 있다. 대중이 10~30대만 존재하는 것이 아니라 중년층부터 70대 혹은 그 이상까지 있다는 것을 유념한다면 왜 트로트가 그토록 오래 사랑받는 장르인가 깨닫게 될 것이다. 트로트를 만들 때는 길거리 어디서나 들어도 귀에 쏙 들어오는 단어와 멜로디로 구성하는 것이 키포인트다.

O.S.T를 만들려면 일단 그 영화나 드라마의 내용, 주인공의 성격

을 잘 파악하고 있어야 한다. 아직 촬영되기 전이라면 그 드라마나 영화의 티저 영상이라도 보고 곡을 쓰는 게 좋다. 티저 영상의 화질이라든지 배우의 표정이라든지 주요 부분이 머릿속에 각인되면 더 좋은 곡을 쓸 수 있다.

그런데 이상하게도 드라마의 O.S.T의 경우 여자 가수가 부른 노래가 남자 가수가 부른 노래보다 훨씬 잘 되는 경우가 많다. 여성의 목소리가 더 감성적으로 다가와서일까? 어쨌든 O.S.T는 여자 가수로 곡을 쓰는 것이 선택될 확률이 더 높다.

또한 억지스럽고 화려한 코드를 쓰기보다는 부드럽고 자연스러운 코드를 쓰는 것이 좋다. 예를 들어 C-G/B-Am-G-F로 내려오는 하향 코드를 쓰면 자연스럽게 슬픈 느낌, 애절한 느낌 등 멜로디에 따라 다양하게 낼 수 있다. O.S.T 는 감성적이고 애잔한 곡이 주를 이루기 때문에 이런 코드 진행임을 알아두는 것도 하나의 방법이다.

PAPER 14

얼마 받으세요?

수입 문제는 작곡, 작사가들에게는 제일 민감한 부분이지만 지망생들에게는 제일 알고 싶은 부분이기도 할 것이다. 또한 작곡, 작사가들의 곡비와 저작권료 등의 수입 부분은 간단하기도 하며 복잡하기도 하다.

일단 저작권료는 내가 쓴 노래에 대한 저작물이 외부에서 사용되었을 때에 받는 비용이라 할 수 있다. TV, 방송, 라디오는 물론 백화점, 공항, 노래방 등 생각보다 많은 곳에서 저작권료가 들어온다. 예전과 다르게 요즘에 더 중요해진 부분은 바로 모바일인데 컬러링, 벨소리와 같은 부분에서의 수입이 좋을 수 있다. 이 부분에서 좋은 성적을 내게 되면 막대한 저작권료가 발생한다.

작곡가와 작사가 그리고 편곡가의 지분을 살펴보자. 전체를 10이라고 생각했을 때 작사 4, 작곡 4, 편곡 2의 비율로 받게 되어 있다. 예전에는 음반 인세를 받지 않고 곡비라는 것을 받았다. 작곡가, 작사가, 편곡가의 곡비가 전부 따로 측정되어 받았는데 법이 바뀌면서 곡비가 사라지고 음반 인세를 받게 되었다. 작곡가들은 편곡하게 되면 편곡비를 받을 수 있지만 작사가의 수입은 저작권을 빼놓고는 전혀 없는 상황인 것. 또한 밀리언셀러 등이 가능했던 예전과 다르게 현재의 음반 판매율은 90년대에 비해 최악의 성적을 내고 있다. 따라서 그에 따른 음반 인세도 최악의 상황이 될 수밖에 없다. 결국 곡비가 없어지면서 소위 잘나가는 작사가들에게만 가사를 의뢰하는, 어쩌면 당연한 결과가 초래되고 말았다.

지금의 작사가들이 제일 힘든 부분이 이 부분일 것이다. 음반이 10만 장이 나가도 한 곡의 가사 혹은 곡만 썼을 때의 수익은 200만 원 선밖에 되질 않는다. 인터넷에서의 무질서한 MP3다운 또한 한국 대중음악계의 생존을 뿌리째 뒤흔들고 있음은 부인할 수 없다.

강조하건대 작곡, 작사가들의 지적재산권이 보호되어야만 더 좋은 양질의 음악들이 쏟아져 나올 수 있다. 또한 모바일에서의 기획사와 유통사 간의 불합리한 수익 구조는 마땅히 개선되어야 한다. 창작자들이 피땀 흘려 만들어낸 콘텐츠를 유통이라는 명목 하에 중간에서 다 가져간다면 창작자들의 창작에 대한 열정까지 식어버리지 않을까 두렵기만 하다.

결국 작사가들은 가수의 타이틀곡을 쓰지 않는 한 수입이 적을 수밖에 없다. 기획사들 또한 싱글 음반 체제로 변한 가요계에서 A급 작사가들에게만 의존할 수밖에 없다. 그러므로 신인 작사가들이 눈에 띄기 위해서는 남들이 하지 않았던 이야기들, 아이디어가 빛나는 제목, 탁월한 단어 선택 등을 무기로 가지고 있지 않으면 살아남을 수 없는 시대가 온 것이다. 또한 '작곡'보다는 '작사'가 쉽다는 인식 때문인지 우후죽순 늘어가는 작사가들도 문제다.

작사는 음이 담긴 시며 이야기다. 작사가는 글로 충분한 감동을 주어야 하기 때문에 쉽게 생각하고 시작한다면 큰코다치기 십상이다. 작사가의 세계로 본격적으로 뛰어들낸 느끼겠지만 소재의 고갈도 무시할 수 없을 것이다. 한정된 제목과 진부한 가사 내용도 문제지만 우리나라 음악의 소비가 한정되어 있다는 것이 가장 큰 걸림돌이다. 그러므로 작사가, 작곡가가 되려면 다양한 경험을 하는 것이 중요하고 다양한 책들을 읽어두는 게 좋다고 생각한다.

외국의 예를 들어보자. 일본이나 미국 등과 같이 작품을 만드는 사람들의 권한이 보장된 곳에서는 우리가 생각하는 것 이상의 막대한 수입을 보장받는다.(물론 땅이 넓은 만큼 음악의 소비가 많기 때문이기도 하지만.) 가까운 일본만 비교해봐도 우리나라 최고 작사, 작곡가의 저작권보다 수입이 최소 10배 이상 차이가 난다.(일본은 그만큼 저작권 보호가 잘 되어 있기도 하다.) 우리나라로서는 아직 개선되어야 할 저작권에 대한 문제점들이 많이 남아 있음이 여지없이 드러나는 대목이다. 그러나 저작권에 대한 욕심 때문에 작품 하나하나를 결코 가볍게 해서는 안 된다. 한 곡, 한 곡에 정성을 쏟으며 열심히 쓰다 보면 자연스레 수입도 따라오기 마련이다. 돈을 좇기보다 돈을 따라오게 하는 마음가짐이 필요하다.

영민아, 축하해!

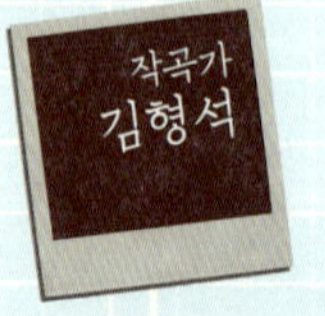

음악을 하면서 다양한 사람을 만나지만, 영민이처럼 꾸준히 발전하는 친구가 또 있을까 하는 생각을 한다. 가수를 꿈꾸던 시절부터 지금까지 영민이는 변함없이 성실하고 밝은 모습을 보여줬다. 따뜻한 웃음을 보면 함께 기분이 좋아진다. 평소에는 배려심 많고 세심한 영민이지만, 음악 세계는 무척 단단하고 내실 있다. 사랑이라는 보편적인 감정을 특별하게 녹여내는 방법을 아는 친구다. 기복 없이 꾸준히 좋은 곡을 만들어낸다는 점도 훌륭하다. 지나갈 때마다 하나씩 해주는 조언을 깊이 새기는 모습, 다른 이들의 이야기에 진심으로 공감하고 흡수할 줄 아는 능력은 안영민만이 가진 보물이다.

그런 친구가 책을 낸다고 하니 내 일처럼 기쁠 수밖에……. 책을 읽다 보니 그와 함께한 시간들이 스쳐 지나간다. 가수가 되고 싶다며 우리 회사의 문을 두드리던 소년에서 사람들의 심금을 울리는 노래를 만드는 작곡가가 되기까지 힘들었을 여정을 알기에 기특하다는 말밖에 떠오르지 않는다. 가수, 작사, 작곡을 고루 경험한 친구라 앞으로의 음악적 행보가 기대된다. 바쁜 작업 와중에 책을 위한 시간을 따로 챙겨놓고 성실하게 글을 써내려갔을 영민이의 모습이 눈에 선하다. 찬란한 앞날을 향해 내딛는 소중한 한 걸음을 응원한다. 독자 분들도 영민이가 만들어온 음악 여정을 기분 좋게 읽어주실 거라 믿는다.

영민이를 볼 때마다 생각하는 건 항상 밝고 착한 웃음 뒤에 어떻게 이런 감성적인 멜로디가 나올까? 하는 것이다. 매년 히트곡을 내면서 꾸준히 작업한다는 건 생각보다 쉽지 않은 일이다. 그럼에도 잘 해주고 있는 영민이를 볼 때마다 대견하다. 영민이는 자신이 무엇을 잘 하는지 정확하게 파악하고 치열하게 파고드는 사람이다. 여러 히트곡을 냈지만 인기에 안주하지 않고 '감정의 진심'을 표현하는데 모든 것을 집중하는 모습은 작곡가 안영민의 가장 큰 원동력이다.

수줍은 목소리로 책을 내게 되었다며 추천사를 부탁하는 영민이의 연락을 받고 기분이 무척 좋았다. 영민이의 음악 여정을 빼곡하게 담은 글을 읽으니 이 책이 그에게 소중한 터닝포인트가 될 거라는 생각이 들었다. 이 책을 통해 음악의 깊은 맛을 위해 노력하는 그의 꾸밈없는 이야기를 만날 수 있을 것이다. 다시 한 번 그의 에세이집 출간을 축하한다. 독자분들은 웃음과 진솔함이 함께 하는 이 책을 읽고 나면 그의 음악을 다시 듣게 될 것이다. 작업실에서 고군분투하는 영민이의 모습을 떠올리면서…….

Thaks to

나를 사랑하고 가르침과 영감을 주고, 더 나은 내가 될 수 있도록 도와주는 감사한 분들

저를 낳아주신 제가 가장 사랑하는 우리 아버지, 어머니…….
늘 제가 곡을 쓸 때 책을 쓰는 동안에 TV 볼륨도 줄이시고 방해될까봐 늘 신경 써주시는 거 감사한 거 아시죠? 안 그러셔도 돼요~ 제방 방음되어 있잖아요!^^ 사랑해요!

우리 앞 동에 사는 우리 형과 형수. 늘 응원해주셔서 감사합니다.(동생이지만 늘 배려해주는 형을 잘 알고 있어!)

나의 최고의 콤비이자 친형 같은 영수 형! 형이랑 내 사이는 정말 말로 표현할 수 없잖아?
나를 늘 이끌어주고 함께해줘서 고마워! 끝까지 가자!

우리 넥스타의 큰형이자 따뜻한 마음으로 보듬어 주는 규석 형! 늘 신경 써주시고 챙겨주셔서 감사한 마음 가지고 있어요.

우리 넥스타 작곡가들의 형이자 따뜻한 해람 아버지 재하 형! 형보다 착한 사람은 없는 것 같아요. (분명히 천사의 날개를 숨기고 있을 거야! 하하) 저에게 늘 잘 해주셔서 감사해요!

정말 오래된 친구이자 최고의 댄스 작곡가인 태현이! 나와 얘기가 너무 잘 통하고 얘기하면 늘 편안한 최고의 친구 우리 같이 가자.

비보이에서 작곡가로 발돋움한 노력파 성훈이! 너의 성실함에 내가 매일 반성한다. 맨땅에 헤딩하는 너지만 성공해내는 모습이 감동적이야. 친구야~!

막내로 들어온 유진아! 지금도 너무 잘해내고 있고 늘 내게 응원해줘서 고맙구나!

나에게는 가장 유머 있고 친근한 심상민 형! 우리 회사의 이사님으로 울 가수들을 다 챙겨주시고 저도 응원해주시니 감사드리는 마음 가지고 있는 거 아시죠?^^

울 팀장님, 원정 누나는 나에게 친누나 같은 사람이에요. 사무실에 가서 나와 수다로 행복하게 해줘서 고마워요.

늘 고생이 많고 가장 바쁘게 지내고 있는 신지아! 지아는 늘 웃어주고 사람을 기분 좋게 해주는 것 같아 고맙다!

그리고 우리 사무실 가수들! 지금은 힘들고 아픈 시간들이 많겠지만 지나고 나면 웃으면서 돌아볼 수 있을 거야. 그때까지 힘내자!

내겐 친동생이자 좋은 가수인 다비치 민경이! 책 쓸 때 조언도 아끼지 않고 내 수다의 끝판 왕인 민경아. 늘 옆에서 웃게 해줘서 고맙다!

그리고 노래 잘하는 다비치 해리! 참 오래 알았고, 보면 그냥 좋은 사람……. 같은 동네인데 빨리 밥 먹자.

나와 함께해주는 SG워너비 석훈이. 고민이 있을 때 전화할 수 있는 동생이지만 때론 친구 같은 녀석.

용준이는 늘 웃고 있는 내 막내 동생 같은 친구. 빨리 보자구!

진호는 어리지만 어른스러운 녀석. 예전만큼 다시 많은 시간을 보냈으면 좋겠어!

나랑 똑같은 친구 '하하'. 동훈아 넌 정말 나랑 잘 맞아! 날 친구로서 잘 챙겨줘서 고맙다! 난 죽을 때까지 네 성대모사 할 것 같아.

집까지 초대해줘서 고기까지 맛있게 구워준 형돈이 형! 형님의 의리에 반했어요! 형수님에게도 안부 전해주세요.

말이 많은 것 같지만 진실함이 담긴 남자 노홍철……! 홍철아 책 들고 갈게 수다 떨자^^
사진작업하러 갔을때 맛있는 커피 사주신 유재석 형님! 형님 앞에서 폴더 인사 웃겼죠! 하하. 형님은 최고의 국민MC세요!

그리고 신화의 김동완. 동완아! 우린 참 잘 통하는 것 같아! 자주자주 보자!

혜성이는 곱디곱지만 알고 보면 남자! 내가 놀고 있을 때 날 지켜보는 너ㅋㅋ

귀여운 아기 새, 전진! 너랑 작업하면서 사실 엄청 재밌었어. 또 둘이 재밌게 놀자!

나를 늘 신앙적으로 채찍질해주는 원더걸스의 선예. 널 보면서 늘 반성하는데 빨리 함께 선교하고 간증하러 다니는 날이 왔으면 좋겠다. ^^

내 가이드해줄 때부터 지금의 애프터스쿨까지 잘해주고 있는 레이나. 이렇게까지 잘 돼서 기쁘다. 밥 먹자구!

의외로 털털한 나나. 너의 기럭지가 날 슬프게 하지만 너랑 있으면 재밌어. 하하

귀여운 막내, 리지. 너의 사교성에 내가 두 손, 두 발 들었다! 너의 친근함 덕분에 나도 녹음을 재미있

게 했어.^^

데뷔전부터 친했던 R.D 멤버 티아라 효민이. 열정이 가득한 널 보니까 흐뭇하다!

우리 같은 R.D 멤버였던 은정이. 우리 그때가 그립다! 내가 회장이었는데…….

내겐 이상하게 친구 같은 소연이. 우리도 참 오래됐다! 기도하는 거 알지?

예쁜 동생 종혁이! 해병 가서 힘들겠지만 너의 열정에 박수를 보낸다. 우리 노래 대박 내자!

수다 왕인 원종이형. 형이랑 있으면 늘 웃게 돼요!

우리 시크릿의 프로듀서인 기범이, 지원이. 너희는 내 두 양팔이야! 알지?ㅋㅋ

내 친구이자 조언자인 병기. 내 곡을 늘 칭찬해주는 네가 힘이 된다.^^

너무 착한 SM의 성수. 넌 왜 이렇게 착하니? 하하.

우리 '79멤버'인 찬희야. 넌 곡을 너무 잘 써서 질투나!ㅋㅋ

음악을 정말 사랑하는 영욱이. hub처럼 좋은 녹음실 찾기 참 힘들거야. 사랑한다 친구야!

하시는 행동도 기부천사 마음도 기부천사 밥 먹다 우연히 만나면 제 것까지 계산해주시는 저의 기부천사 장훈이형. 올핸 꼭 제가 밥 살게요^^

별밤 처음 시작 했을때 챙겨줬던 착하구 의리 넘치는 경림이 넌 멋진 사람이야^^

우리 '별이 빛나는 밤에'의 큰형님 영주 형! 따뜻하게 절 안아주셔서 감사해요. 형이 같이 해주셔서 감사했어요!

'별밤지기' 윤하는 귀여운 막내 동생 같아! 늘 웃어줘서 고맙다!

노래 잘하고 이쁜 소녀시대 태연이. 방송에서 날 위해 인터뷰도 해주구 내가 고마운 일투성이구나 담에 좋은 곡으로 꼭 보답할게^^

노래 잘하는 알리. 정말 넌 최고야! 우리 노래도 대박!

별밤 박혜화 피디님을 비롯한 작가님들 늘 감사해요~! 절 방송인으로 이끌어주셔서^^

저의 스승님이신 김형석 작곡가님! 형님 안 계셨으면 저도 없었어요.

영수 형과 절 이끌어주신 박근태 작곡가님. 죄송한 마음도 많은데 감사한 마음이 더 많은 거 아시죠? 결혼 축하드려요!

저를 늘 챙겨주시는 김광수 대표님. 형님을 알게 된 건 행운이에요.

디셈버, 제이세라의 전창식 대표님. 형님은 왜 친구 같을까요?ㅋㅋ

저와 함께 해주시는 장석우 대표님. 저에게 많은 기회를 주셔서 감사드려요.

늘 친근한 한성수 대표님, 정해창 이사님. 형님들과 일하게 되서 감개무량합니다!

그냥 옆집 형처럼 잘해주시는 이장언 대표님. 형님은 편하게 해주셔서 너무 좋아요!

절 아주 예뻐해 주시는 나철원 대표님. 진구 형님. 형님들만 있으면 전 든든합니다!

함께 일하게 된 병민 형, 종현이. 우리 완전 대박 내봐요!^^

저의 해외저작권 챙겨주시는 미소가 예쁘신 김주연 대표님. 늘 감사드려요!

신인 때부터 절 챙겨주셨던 도훈이 형! 형님 이삿짐 나르면서 많이 배웠어요!ㅋㅋ

나의 파트너이자 친구 같은 재영이 형! 우린 참 쿵짝이 잘 맞아요?ㅋㅋ
최고의 엔지니어 승욱이 형! 형님의 '믹스'는 세계 최고에요!ㅎㅎ

옆에서 늘 도와주는 선영이. 넌 정말 일할 때 손이 빨라.ㅋㅋ

래퍼에서 대표로 멋지게 등장하신 라이머 형. 우리 빨리 만나요 형님!!^^ 본지 너무 오래된 박건형 형님. 형님의 뮤지컬 발성을 또 듣고 싶어지는 밤이네요.

나의 작업 파트너가 되어준 용식이. 남우. 우리 한번 잘 해보자!

재미있고 즐거운 세윤이, 뮤지. 너희 UV는 늘 영원하리!

대박 내게 해줘야 하는데 못해줘서 미안한 대국남아. 더 좋은 곡 줄게!

이번 노래 자신있는데 잘 해보자 H유진!

정말 생각지도 못하게 절친 된 브라운아이드소울의 영준 형. 우리 또 놀아요!ㅋㅋ

보컬의 끝을 보여주신 승철 형님. 제 가사 좋아해 주셔서 영광이에요!^^

오랜만에 회포를 푼 대중 형, 요한 형! 우리 처음처럼 잘 해보아요! 형들 다시 만나서 기분이 좋아요!

신앙의 힘을 보여준 소향 누나. 누나만큼 주님이랑 친해지고 싶어요. 늘 기도해줘서 감사해요.^^

절 늘 예뻐해 주시는 신승훈 형님. 제 생일 때도 와주시고 그때 정말 재미있었어요! ㅋㅋ

노래 잘하고 곡 잘 쓰는 바이브의 재현이 민수. 우리 또 뭉치자!^^

내 제일 친한 친구 준구야! 네가 있어서 든든해! 우리 인생 같이 걷자. 우리 동생 영일이 형은 널 늘 응원해^^

어릴 적 동창이자 함께 하는 필립. 네가 최고의 배우가 될 때까지 나도 기도 멈추지 않을게!

이번에 날 도와준 내 친구 재하. 알지?^^ 고맙다.
덩치 큰 대성이. 넌 대성할 거야! ㅋㅋ

늘 잘되길 바라는 태훈이. 힘내라 기도할게!

나의 유일한 검사 친구 성훈이. 우리 카톡 말고 이젠 얼굴보자^^

내 동생 범수야 넌 말 안 해도 알지? 우리 패밀리 동현이의 웃음소리도 여기까지 들린다.

친구로서 힘이 되어주는 해병대 수권이, 해품달에서 허염 역할로 연기자로서의 재능을 인정받은 재희. 너희 없었으면 나 어쩔 뻔했니? ㅋㅋ

함께 작업하면서 내 노랠 빛나게 해준 JOO! 민주, 올해는 더 자주 보자^^

제 프로필과 책에 들어갈 사진을 멋지게, 신나게 작업해주신 김대형 작가님 아니 형님! 정말 감사드려요~!

절 언제나 애기(?)처럼 귀여워 해주시는 윤일상 형님~! 진짜 빨리 뵈었으면 좋겠어요!

절 보면 늘 환한 미소로 화답해주시는 찬2대표님ㅎㅎ 형님 보면 늘 제가 즐거워요. 듬직한 몸으로 귀여운 미소를 보여주시는 주남이형 조만간 빨리 봐요^^

절 믿어주시고 맡겨주신 울림엔터테인먼트의 이중엽 대표님 감사해요~! 최선을 다해서 곡 쓸게요. 하하.

안지 얼마 안 되었지만 챙겨주시는 로엔의 황태연 형님 늘 고마운 마음 아시죠?^^
재우야 술 많이 먹지 마 몸 상한다 ㅋㅋ

어머니와 늘 재미있는 작업을 해주시는 정여주 선생님, 늘 환한 미소로 반겨주시는 정정아 실장님,

어머니의 머리도 예쁘게 꾸며주시는 고윤영 선생님 감사합니다.

전영록 선배님 팬이었는데 그분 따님이라고 해서 놀랐던 보람이, 늘 아기 같아 보여도 프로인 지연이, 연기가 수준급인 큐리, 앞으로 더 친해지자구~!

오랫동안 챙겨주고 옆집 형처럼 응원해준 응용 형 고마워요^^

애기 아빠로서 그리고 멋지게 다비치를 만들어낸 창현이형, 항상 반갑게 맞아주셔서 감사해요.

플래디스에서 없어서는 안 될 정민이 싸랑한다.

저만 보면 반갑게 달려와 주시는 민석 형님. 노을이 잘 돼서 저도 기뻐요. 나비도 대박!

비스트 때 저를 믿고 밀어주셨던 홍승성 대표님. 형님 책 잘 읽었습니다! 역시 최고!

늘 열정적인 정일이 형! 형님 잘 챙겨줘서 감사하고요. 우리 대박 내보아요!

멋진 스타일리스트인 만현이 형! 형님과의 시간은 늘 즐겁고 유쾌해요. 감사한 거 아시죠?

오륜교회 김은호 목사님! 저에게 늘 힘주셔서 감사드리고 기도해주셔서 행복해요! 저도 목사님을 위해 기도할게요.

청년부의 김주성 전도사님! 저에게 신경 써주시고 문자도 주시고 감사한 마음 잊지 않고 있습니다.

울 소그룹 멤버들 날 위해 늘 기도해줘서 고맙고 사랑해!

우리 조카 신애. 잘해주는 거 하나 없는 삼촌이 늘 미안해. 앞으로 더 잘할게!

늘 응원해주시고 바라봐주시는 친척, 친지 분들 감사합니다!

독특한 정신세계로 나에게 늘 영감을 주는 연주. 고마운 거 알지? 책 쓸 때도 가장 응원 많이 해줘서 고마워. 널 위해서 기도할게! 넌 최고의 배우가 될 거라 믿어 의심치 않아.

마지막으로 이 세상을 창조하신 하나님께 이 모든 영광 돌리겠습니다. 사랑하고 감사해요.

미친 사랑의 노래

초판 1쇄 인쇄 2012년 3월 5일
초판 1쇄 발행 2012년 3월 9일

지은이 | 안영민

펴낸이 | 박준자
편 집 | 이한아
마케팅 | 김혜윤
디자인 | 김은정

소란

주 소 | 서울시 종로구 청운동 114-1 백악빌딩 4F
전 화 | 02-737-5252
팩 스 | 02-359-5885
블로그 | soranbook.blog.me

발행처 | (주)케이앤피북스
등록번호 제300-2011-120호

ISBN 978-89-6420046-9 (13670)

소란은 (주)케이앤피북스의 단행본 브랜드입니다.